剪定もよくわかる

おいしい果樹の育て方

三輪正幸 著

池田書店

もくじ

Part 2 果樹の育て方

50音別果樹さくいん

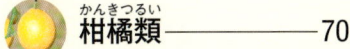

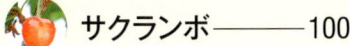

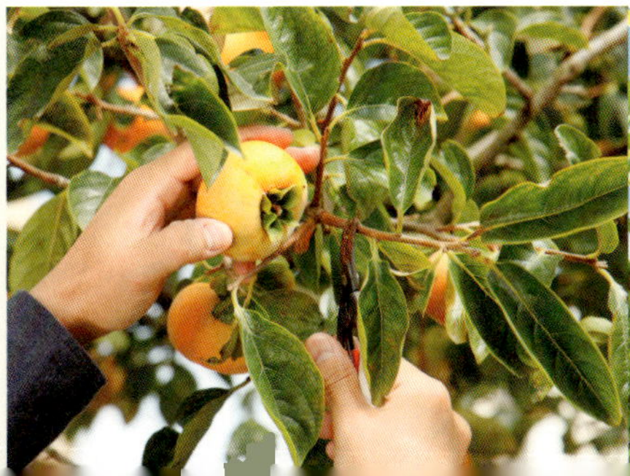

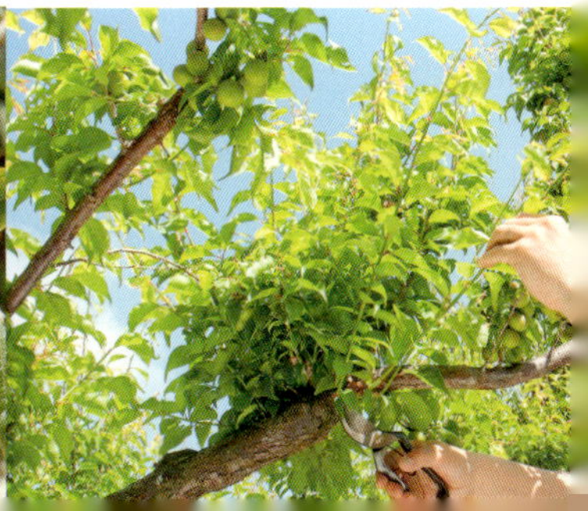

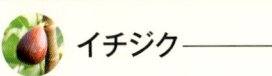

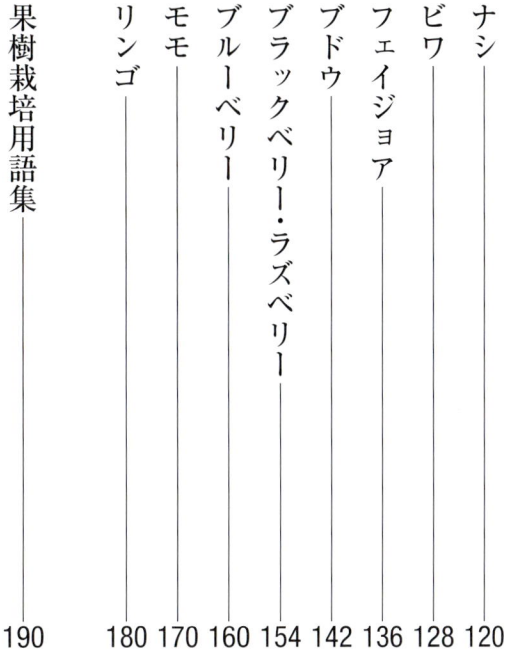

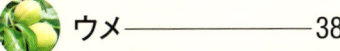

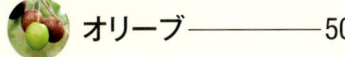

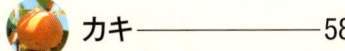

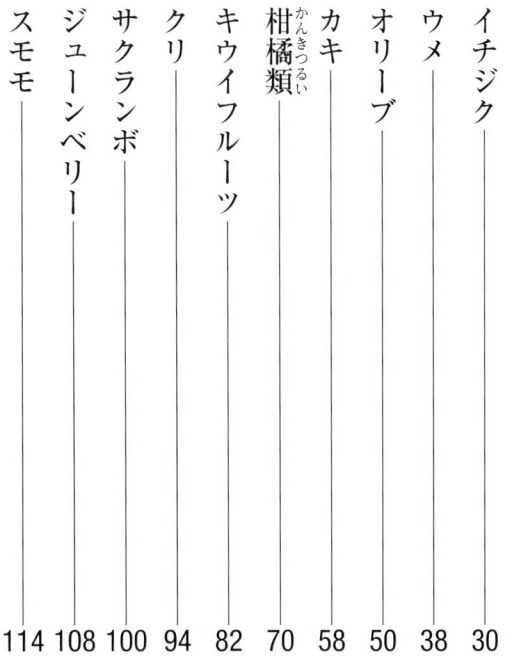

本書の使い方

DATA

科属名
植物分類学に基づいて分類された科名と属名。

形態
落葉、常緑、つる性および高木、低木のタイプを記す。

樹高
成木の平均の樹高と放任した際の最大の樹高の目安を記す。

耐寒気温
耐えられる最低気温。この温度を下回ると枯れはじめる。

土壌pH
生育に適した土壌の酸度を記す。

花芽
純正花芽、混合花芽のタイプを記す。P22～23も参照。

隔年結果
果実がたくさんなる年とほとんどならない年を繰り返す性質（隔年結果）のしやすさを記す。しやすい果樹は摘果などの作業をして防ぐ。

受粉樹
栽培する果樹に受粉樹が必要か不要かについてあらわす。品種によって異なる場合もある。
不要
必要

難易度
病害虫に対する強さ、管理の手間、生育しやすさなどから判断した難易度をあらわす。
やさしい
ふつう
難しい

果樹名
果樹の名前、総称をカタカナ、漢字で記す。

品種
人気・定番の品種を紹介。果樹ごとに収穫期などの情報を記載。

肥料
枝葉が茂る範囲が、直径1m未満の木の肥料を施す量を記す。直径2mで4倍、直径3mで9倍の量となる。（→P26）

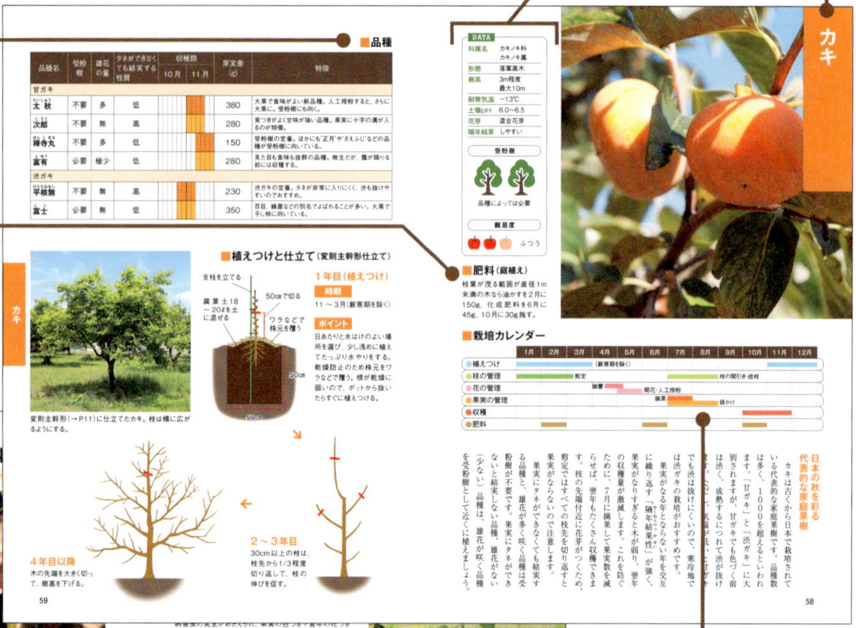

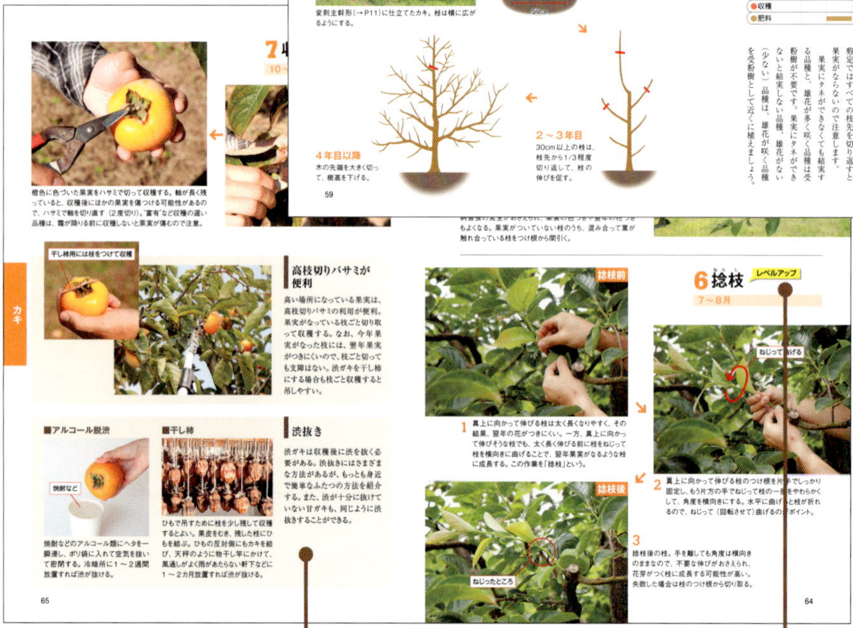

栽培カレンダー
管理作業時期の目安。関東地方を基準にしているため、地域によっては、多少ずれることがある。

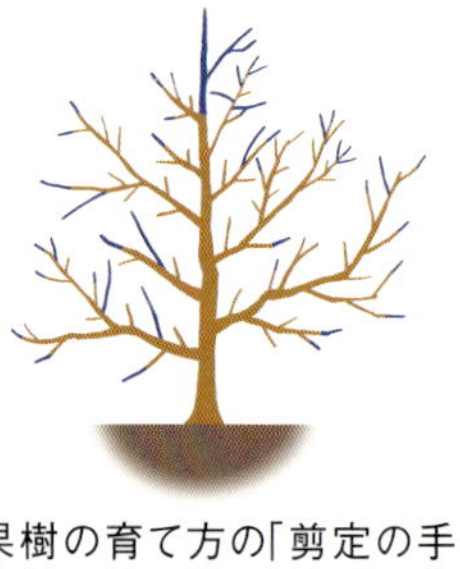

果樹の育て方の「剪定の手順」、P18などのイラストは、剪定する枝を青色であらわす。

栽培コラム
栽培におけるポイントや収穫後、鉢植え栽培などについて解説。

レベルアップの作業
難易度は若干高いが、行うことで枝葉の生育や果実の品質、収穫量が向上する作業。

Part 1

果樹栽培の基本

栽培をはじめる前に、果樹栽培の基本をチェックしましょう。
栽培の流れや作業の要点を知っておけば、
各果樹の育て方もよりわかりやすくなります。

果樹栽培のサイクル

このページでは、果樹の管理作業の流れをおおまかに把握しましょう。

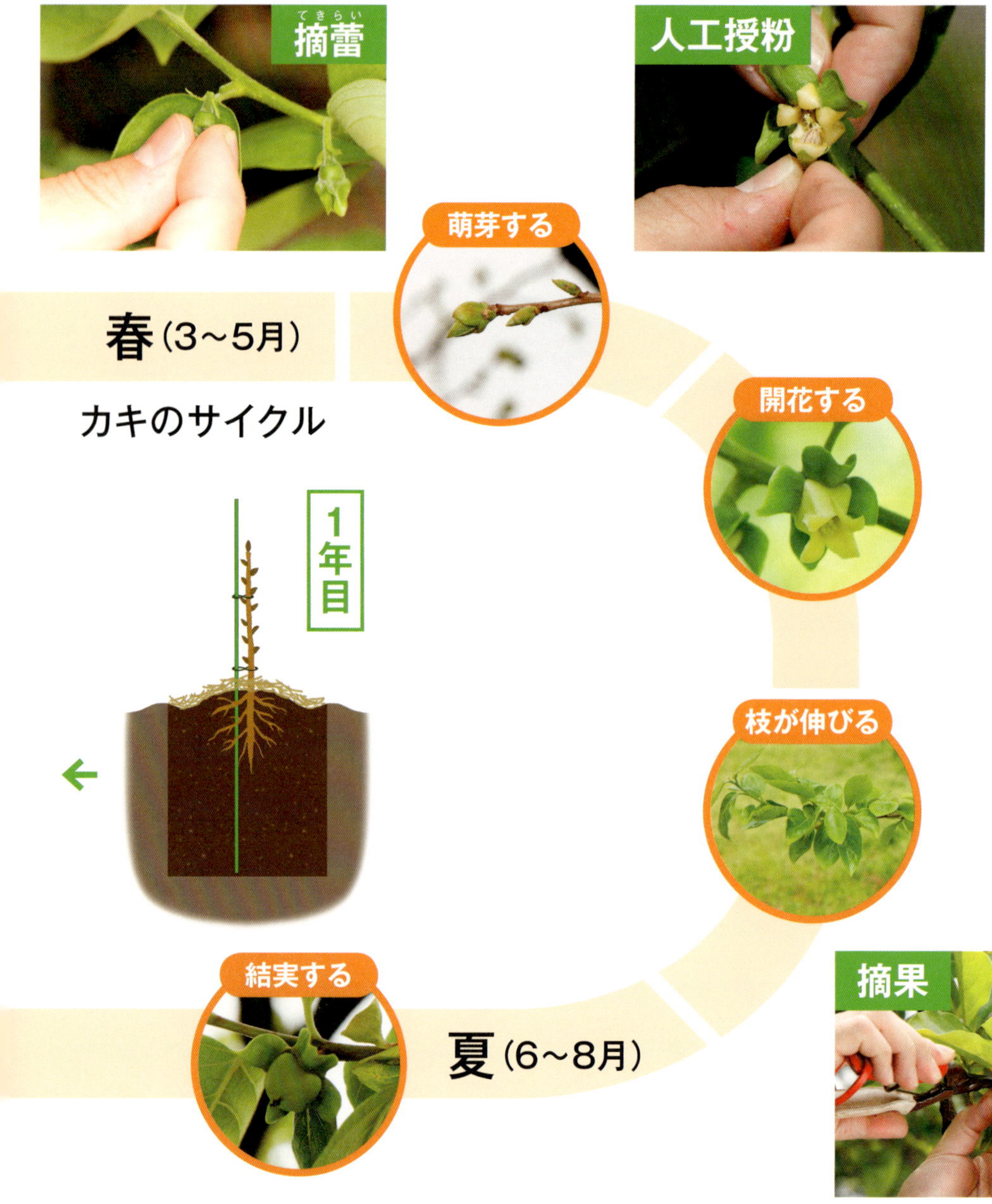

果樹を育てよう

果樹栽培の楽しみはやはり、新鮮で完熟した果実やスーパーなどにはない珍しい品種を味わうことでしょう。食べる喜びを家族と共有することもできます。

また、果樹は庭木としても優れています。春は咲き誇る花、夏は新緑の葉、秋は色づいた果実、冬は落ち葉と、四季を通じて五感で楽しむことができます。

しかし、果樹には野菜や草花に比べて敷居が高いイメージがあるようです。確かに、苗木を植えただけでは、毎年収穫することは難しいですが、ポイントさえおさえれば、庭植え、鉢植え問わず収穫を楽しむことができます。ぜひともチャレンジしてみて下さい。

果樹は直線ではなく円でとらえる

一年で枯れてしまう野菜や草花は、毎年のようにタネをまくか、苗を植えつけて栽培をスタートさせます。一方、果樹は果実がなる多年生の木や草なので、苗木を1回植えつけた

ら、同じ木を何年も育てます。野菜や草花が、植えつけてから植物が枯れるまで直線であらわすのに対して、果樹は直線ではなく、上の図のような円であらわします。毎年決まった時期に同じような作業を行いますが、剪定のように木の成長に合わせて少しずつ作業の内容を調整することもあります。また、今年行った作業が来年以降に影響することもあり、たとえ木の生育が悪くなっても、野菜のように枯れさせてリセットすることができません。そこが果樹栽培の難しさであり、同時に醍醐味でもあります。

　上の図にあるような摘蕾や人工授粉などの作業をひとつでも多く、そしてていねいに行うことで、生産農家が出荷するような立派な果実を収穫できます。しかし、家庭で育てるならあまり手間をかけられないのが本音でしょう。そこで、果樹の育て方（P29～）においては、これらの作業のうち、家庭でもとくに行ったほうがよいものを選んで掲載しています。

果樹選びのポイント

果樹を選ぶ際には知っておくべきポイントが5つあります。「果実がまったくならない」、「植えつけてすぐ枯れてしまった」、「大きく成長しすぎて持て余している」ということがないように、各果樹の性質を知り、自分の生活スタイルに合った果樹を選びましょう。

1 受粉樹は不要？必要？

柑橘類やブドウなどは、苗木を1本（1品種）だけ植えたとしても、開花すれば収穫できます。一方、キウイフルーツやリンゴなどは、自分（同品種）の花粉では受精できず、実つきが極端に悪くなるので、受粉樹として異なる品種を植える必要があります。スペースの都合上、1本しか植えることができない場合は、受粉樹が不要な果樹を選ぶとよいでしょう。この受粉樹の有無は、品種によって異なる場合もあるので注意します。

受粉樹が必要

キウイフルーツの花

雌花雄花が別々に咲く

例）キウイフルーツ、（カキ）

ウメの花

自分（同品種）の花粉では受精できない

例）ウメ、オリーブ、クリ、サクランボ、スモモ、ナシ、フェイジョア、ブルーベリー、リンゴ

受粉樹が不要

柑橘類（レモン）の花

苗木1本でOK

例）イチジク、カキ、柑橘類、ジューンベリー、ビワ、ブドウ、ブラックベリー・ラズベリー、モモ

各果樹の耐寒気温

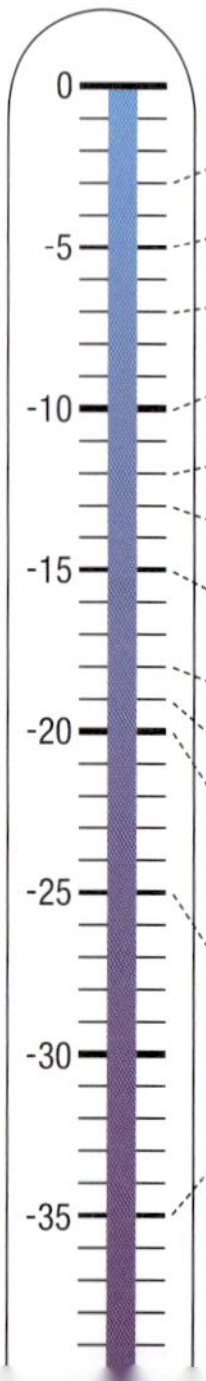

−3℃ 柑橘類（レモン）
−5℃ 柑橘類（温州ミカン）
−7℃ キウイフルーツ
−10℃ イチジク・フェイジョア
−12℃ オリーブ
−13℃ カキ・ビワ
−15℃ クリ・ウメ・モモ・サクランボ
−18℃ スモモ
−20℃〜−10℃ ブルーベリー
−20℃ ナシ・ジューンベリー
ブドウ・ブラックベリー
−25℃ リンゴ
−35℃ ラズベリー

2 耐寒性

気温や日あたり、風通しなどの環境条件のうち、冬の寒さにはもっとも注意する必要があります。寒冷地では寒さで木が枯れるということも珍しくないので、寒さに強い果樹を選びましょう。居住地の冬の最低気温が、育てたい果樹の耐寒気温を下回るおそれがある場合は鉢植えで育て、冬だけ置き場所を屋内などに移動させます。

寒さで枯れたレモンの葉。

3 木の形態

冬にすべての葉が一斉に落ちる落葉果樹と、落ちない常緑果樹に大別することができます。また、木の大きさによって高木、低木に分けられるほか、枝がつる状に絡まりながら成長するものはつる性果樹とよばれます。植えつけたあとの成長した姿をイメージして選ぶとよいでしょう。

常緑果樹

常に葉があるので、目隠しとしての生け垣にも向いている。寒さに弱い果樹が多い。

落葉果樹

暑い夏には日差しを妨げ、寒い冬は逆に日差しを通す。寒さに強い果樹が多い。

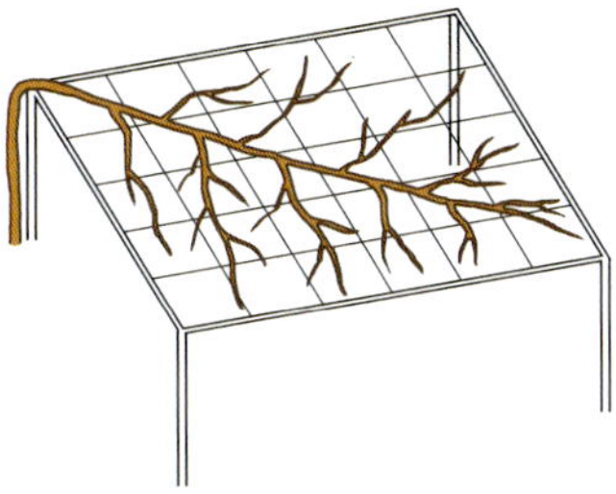

つる性果樹

棚やフェンスなどにつる状の枝を誘引して育てることができる。

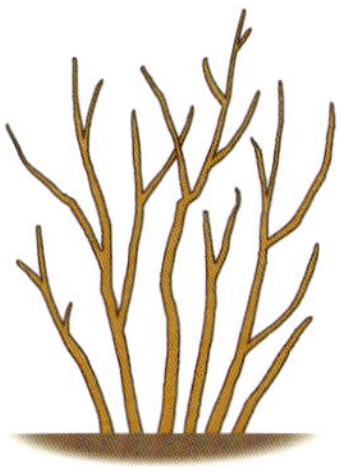

低木果樹

1.5m程度の高さで収まる果樹。コンパクトに育てたい場合はおすすめ。

高木果樹

放任すれば3m以上になるが、収穫量も多い。庭のシンボルツリーに向く。

4 苗木の大きさと種類

多年生なので、購入する苗木の樹齢もさまざまです。1～2年生の苗木で、枝が1本まっすぐ立っているものは棒苗とよばれます。安価で流通量が多く入手しやすい苗木です。3年生以上の何本も枝分かれした苗木は、大苗とよばれます。初収穫までの期間が短く、運がよければ実つきの状態の苗木に出会えます。おもに、庭植えには棒苗、鉢植えには大苗が向きます。

5 よい苗木の見分け方

家庭用の苗木を入手するなら、園芸店やホームセンターに直接足を運んで、自身の目で見極めるのが最良です。見極めるポイントは下記のとおりです。

よい苗木の特徴

- ラベルに果樹名だけでなく、品種名が明記されている。
- つぎ木苗である（株元にこぶ状のつぎ目がある）。※
- 病害虫の被害がない。
- 株元がぐらつかない。
- 落葉果樹は枝に大きな芽がまんべんなくついている。
- 常緑果樹は葉が多い。

※ウメ、カキ、柑橘類、クリ、サクランボ、スモモ、ナシ、ビワ、ブドウ、モモ、リンゴの場合。つぎ木苗は乾燥や寒さ、病気に強いなどの特徴がある。

植えつけ

すべての果樹は庭植え、鉢植えを問わず育てることができます。庭に植えるか、鉢に植えるか、それぞれのメリットとデメリットを見極めて、自身の生活スタイルに合ったほうを選びましょう。左記を参考に、各果樹の最適な時期に植えつけます。果樹によっては、近くに受粉樹を植える必要があります。

植えつけに最適な時期

落葉果樹 11～3月中旬頃(厳寒期を除く)

常緑果樹 2月中旬～3月頃

庭植えのメリット・デメリット

○ 収穫量が多い	✕ 初収穫までが遅い
○ 水やりが基本的に不要	✕ 大きく成長しすぎる
○ 植え替えが不要	✕ 寒さへの対策がしにくい

庭への植えつけ方

1 直径、深さともに50cmの植え穴を掘り、掘り返した土に腐葉土18～20ℓを混ぜ込む。

2 苗木の株元が地面の高さと同じになるまで土を埋め戻してから、苗木を中央に植えつける。

3 苗木を30～80cm(果樹による)で切り返し、支柱に固定する。たっぷりと水をやれば完了。

鉢植えのメリット・デメリット

○ 初収穫までが早く、実つきもよい	✕ 収穫量が少ない
○ コンパクトに育つ	✕ 水やりが必要
○ 寒さに弱い果樹でも育てることができる	✕ 2~3年に一度の植え替えが必要

鉢への植えつけ方

1 苗木を鉢から抜き、根を軽くほぐす。太い根は3～5cmほど切り詰める。

2

鉢の底に鉢底石を3cm程度敷く。用土を5～6cm入れ、苗木の幹が中心になるように植えつける。

3

水がたまる場所を3cm程度設ける。つぎ木苗は、こぶ状になったつぎ木部を埋めないように注意。必要に応じて枝を支柱に固定し、水をやれば完成。果樹に適した置き場に移動させる。

仕立て方

苗木を植えつけたら、伸びた枝を仕立てて木の形をつくります。目指す木の形は果樹によって異なります。

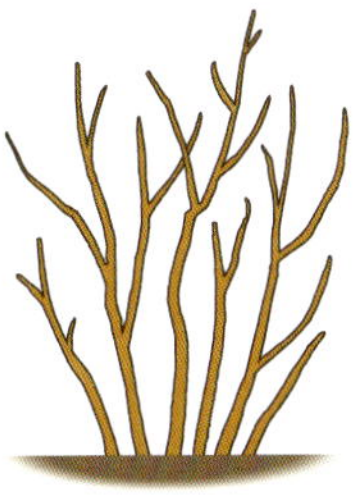

株仕立て

株元から枝を何本も出させ、ほうき状に配置する。枝が古くなったら、株元から発生するひこばえに更新する

ジューンベリー、ブラックベリー、ブルーベリーなど

開心自然形仕立て

骨格となる枝（主枝）を、株元1m以内から2～4本出す。木が高くなりすぎないように枝を開いて配置する。

ウメ、オリーブ、柑橘類、クリ、スモモ、ナシ、モモ

変則主幹形仕立て

植えつけ後の数年はクリスマスツリーのように縦長に仕立てる。その後、木が高くなったら、先端を大きく切って低くする。

カキ、サクランボ、ビワ、フェイジョア、リンゴなど

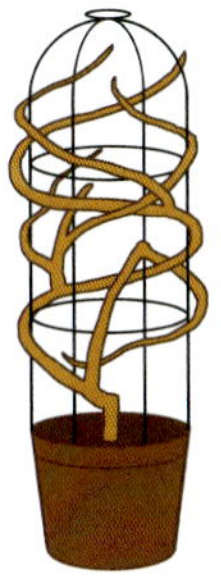

オベリスク（あんどん）仕立て

鉢植えで用いる仕立て方で、支柱にらせん状に枝を固定する。果樹の枝は太いので、オベリスクのような頑丈な支柱を利用するとよい。

キウイフルーツ、ブドウ、ブラックベリー・ラズベリーなど

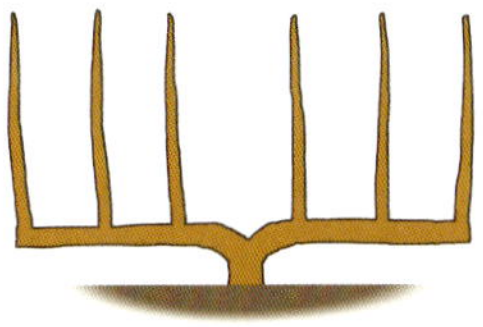

一文字仕立て

骨格となる枝（主枝）を横一文字に配置し、そこから果実をつける枝を垂直に伸ばす。剪定では、垂直に伸びた枝を1～2節で切り返す。

イチジク

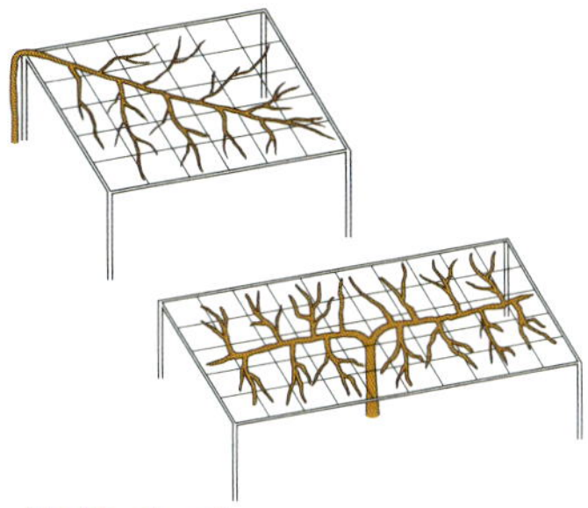

棚仕立て

おもにつる性果樹で用いる。枝を棚の上に平面に配置する。苗木を植える場所によって、オールバック仕立て（図上）と一文字仕立て（図下）に分かれる。

キウイフルーツ、ブドウなど

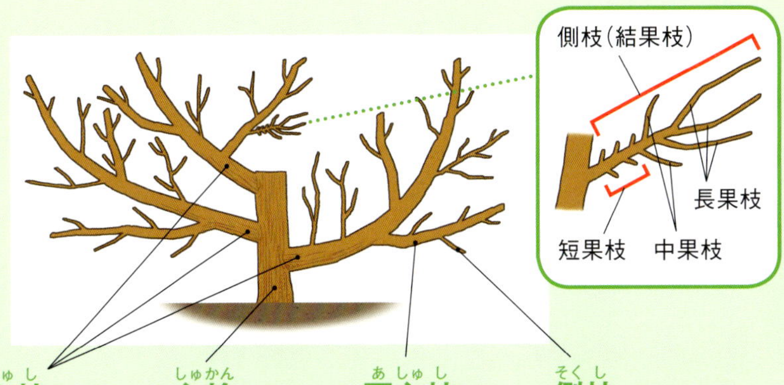

主枝《しゅし》

主幹から伸びる太い枝で、木の骨格となる。

主幹《しゅかん》

株元から伸びる太い中心の幹。

亜主枝《あしゅし》

主枝から伸びる太い枝で、木の骨格となる。

側枝《そくし》

主枝または亜主枝から伸びる末端の枝の総称。

枝の種類

結果枝《けっかし》

側枝の一部で、花・果実がつく枝。枝の長さによって長果枝（30cm以上）、中果枝（10～20cm）、短果枝（15cm以下）に分かれる。

発育枝《はついくし》

側枝の一部で、花もしくは果実がつかない枝。うまく剪定すれば、翌年、結果枝が伸びる。

摘蕾《てきらい》

蕾《つぼみ》を摘み取ることを摘蕾といいます。通常、果実がなりすぎないように、小さな果実を間引き（摘果）ますが、より早い時期につく蕾を間引くことで、養分の消費をさらにおさえることができ、果実の品質や収穫量が向上します。蕾がたくさんつく、ビワやキウイフルーツなどにはとくに効果があります。

摘蕾の方法①

ビワは100個程度の蕾が房のように集まってつく。すべてが開花・結実すると養分を多く消費し、果実の品質が落ちる。開花前に2～3段を残して間引くとよい。

摘蕾の方法②

1 キウイフルーツの摘蕾。蕾はおもに3個に分かれてつく。

2 中央の蕾を残して、両脇を摘み取る。手でつまみ、ひねるとポロリと取れる。

3 摘蕾後。果実がなったらさらに摘果するとよい。

花の構造と性別

両性《りょうせい》花《か》

ひとつの花のなかに、雌しべと雄しべの両方を持つので人工授粉しやすい。しかし、雌雄の両方があっても、自分（同品種）の花粉では受精できず、実つきが悪い果樹もあるので注意。例）ウメ、リンゴなど

雌雄同株《しゆうどうしゅ》・雌雄異株《しゆういしゅ》

雌花と雄花に区別があり、ふたつが同じ木に咲くものは雌雄同株（カキなど）、異なる木に咲くものは雌雄異株（キウイフルーツなど）。

キウイフルーツの雌花

キウイフルーツの雄花

花の構造

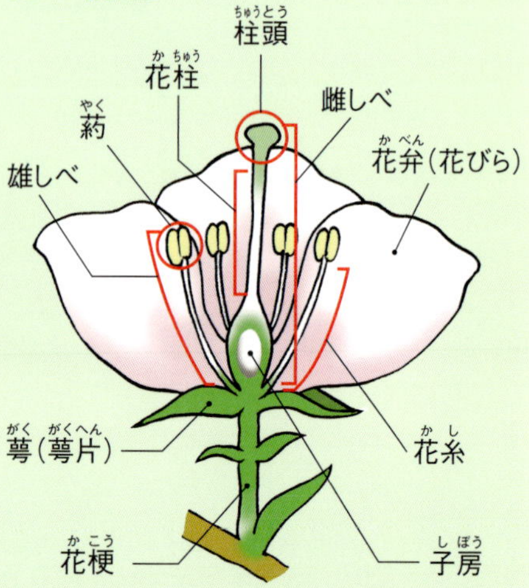

人工授粉

果樹は虫や風によって運ばれた花粉が雌しべの柱頭につき（受粉し）、受精することで結実します。しかし、虫に頼る受粉では、天候などの条件に虫の活動が左右され、実つきが悪くなることがあります。確実に受粉させるためには、人の手で受粉（人工授粉）させると効果的です。

風媒花《ふうばいか》

花粉が軽く、風に乗って1km先まで運ばれることもある。例：クリ（写真）、オリーブなど。

虫媒花《ちゅうばいか》

ミツバチなどの虫によって花粉が運ばれる。例：モモ（写真）、リンゴ、ナシなど。

方法①：直接こすりつける

花を摘み取り、雄しべの先端を受粉させる雌しべの先端につける。

方法②：絵筆を使う

雄しべの花粉を乾いた絵筆でなで、受粉させる雌しべの先端につける。

方法③：爪に花粉を落とす

花を軽くもみ、爪に花粉を落とす。爪についた花粉を雌しべにつける。

花粉を大量に集める

木が大きくて上記の方法①〜③では大変な場合は、花粉をあらかじめ大量に集めるとよい。開花直後の花を大量に摘み取り、葯だけを紙の上に落とし、室温で12時間程度放置する。葯が開いて花粉が出たら葯ごとビンなどに移し、乾いた絵筆を使って受粉させる。

1 花を摘み取り、ピンセットなどを使って葯を紙の上に落とす。

2 室温で12時間放置する。花粉が出たら葯ごとビンに移し、乾いた絵筆などを使って受粉させる。

摘果《てきか》

摘果とは成長前の果実を間引くことです。果実の数を減らすことで、果実間の養分の消費が減り、大きく甘い果実へと成長します。また、木の負担も減り、翌年の収穫量を確保できます。摘果は葉果《ようか》比《ひ》を目安にします。葉果比とは、果実1個の成長に必要な葉の枚数で、果樹によって異なります。木や枝の葉をおおまかに数え、残す果実の数を決めます。

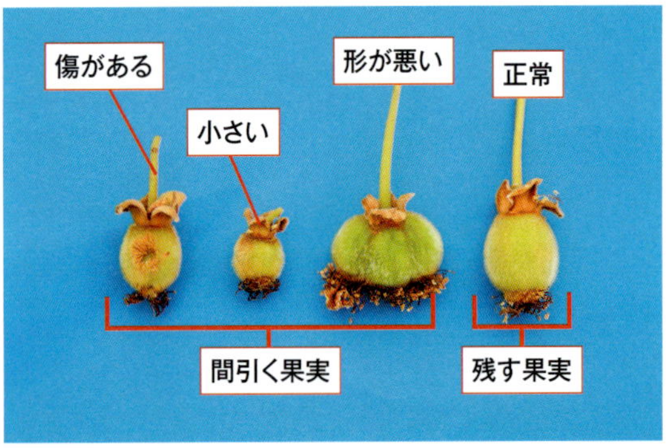

優先して間引く果実（キウイフルーツ）

写真右から正常、形が悪い、小さい、傷がある果実。正常な果実を残し、形の悪いものを優先的に間引く。

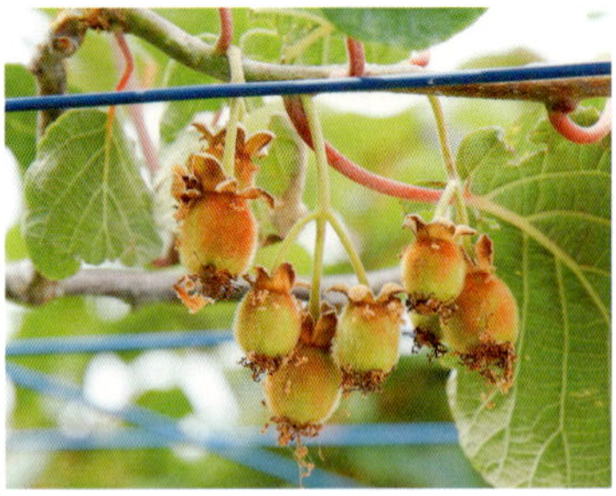

1 キウイフルーツの摘果。摘蕾しなければ1カ所に3果ずつなる。

2 まずは、1カ所1果になるように果実を摘み取る。大きく形のよいものを残すとよい。

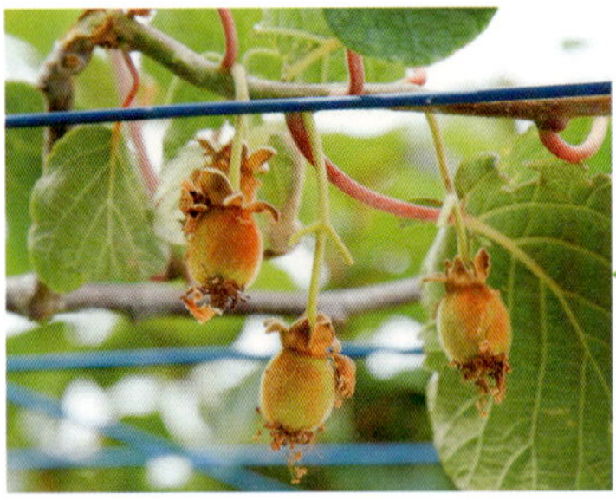

3 4カ所の果実をそれぞれ間引いて1果ずつ残した。まだ少し果実が多い。

4 写真の枝には15枚の葉がついている。

5 葉果比は1果あたり葉5枚なので、1果間引く。

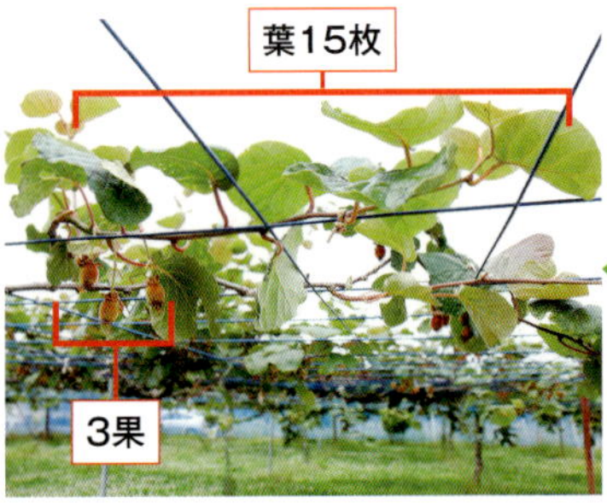

6 摘果後。1果あたり葉5枚になるように、葉15枚に3果残した。

葉果比の目安

果樹名	葉の枚数
ビワ	25枚
モモ	30枚
リンゴ	50枚

果樹名	葉の枚数
キウイフルーツ	5枚
スモモ	16枚
ナシ	25枚

果樹名	葉の枚数
オリーブ	8枚
カキ	25枚
柑橘類（レモン）	25枚

袋かけ

果実を傷や病害虫、鳥などから守るため、摘果直後の果実に市販の果実袋をかけると効果的です。袋の口には針金がついているので、果実のついた軸（果梗）にしっかりと固定します。果実袋はいくつかのサイズがあるので、育てている果樹の果実の大きさに合わせて選びましょう。

果実袋

ホームセンターなどで市販されている。栽培する果樹の専用の袋がないときは近い大きさのものを選ぶ。

1 摘果後のリンゴに果実袋をかける。果実の大きさに合わせた袋を選ぶ。

←

2 雨水や害虫などが入らないように、付属の針金で袋の口をしっかりと固定する。

収穫

果実の色、かたさ、香りなどから収穫時期を判断します。外観で判別がつきにくい果樹や品種は、収穫時期を目安に味見しながら判断しましょう。収穫の方法は、手で持ち上げたり、ハサミを使ったりするなどさまざまですが、いずれも果実に傷をつけないように注意します。傷がつくと日持ちしなくなります。

収穫時期

オリーブの果実。Aはまだ未熟で、B～Eが収穫可能。色の濃いEが完熟した果実でEに近い色ほど風味などがよい。用途によって色づきを見極めて収穫する。

1 モモの収穫。色づき具合で完熟したかどうか判断し、果実を持ち上げて収穫する。

←

2 果梗が果実に残っているとほかの果実を傷つけることがあるので、ハサミで切り取る。

芽かき・枝の間引き

冬の剪定だけでは枝の数を調整しきれないので、春～夏にも枝を間引きます。枝の伸びはじめに間引く場合には「芽かき」とよばれて区別されることもあります。枝を間引くことで、日あたりや風通しをよくして、病害虫の発生を防ぎ、枝を充実させ、果実の色づきを促すことができます。

枝の間引き

混み合う枝をつけ根から間引いて、日あたりや風通しをよくする。葉が触れ合わない程度の間隔にするとよい。

芽かき

伸びはじめた枝を手やハサミで摘み取る。1カ所から複数出る枝、直立して勢いのよい枝などを優先的に間引く。

捻《ねん》枝《し》

緑色をした若い枝のうち、真上に向かって伸びる枝をねじって曲げ、横向きにすることを「捻枝」といいます。翌シーズンに果実をつける枝として利用しやすくなるほか、夏に不要に伸びないので、花芽がつきやすくなります。枝は水平に曲げるのではなく、回転させてねじるのがポイントです。

1 両手で枝を持ち、片手は枝のつけ根で折れないようにしっかりと支える。

2 もう片方の手で、枝をねじって曲げ、枝にねじったあとをつける。水平に倒すのでなく、回転させながらねじる。

3 手を離しても枝が必要な方向に倒れていれば成功。

摘心

摘心とは枝の不要な伸びをおさえるために、枝の先端を切り返す作業です。摘心によって枝が充実し、葉のつけ根に花芽がつきやすくなり、周囲の枝の日あたりや風通しがよくなります。枝を切る長さは果樹によって異なります。

1 枝がまだ伸びきらないうちに、摘心すると効果的。

2 枝の先端を手で摘み取る。

3 摘心後、枝が充実して花芽がつきやすくなる。

誘引

枝を支柱に固定することを誘引といいます。苗木は植えつけてから3年程度まで行い、つる性の果樹は成木になっても枝が伸び次第、棚に固定します。若い枝だけでなく、植えつけや剪定時の茶色の枝を固定する場合も誘引といいます。おもにひもを使って固定します。

1 伸びた枝をバランスよく配置して棚に誘引する。伸びはじめの枝を無理に倒すと折れるので注意する。

2 棚と枝を8の字状にゆるめに結ぶ。

3 つる性の果樹の誘引は枝が伸び次第行う。

剪定

剪定とは枝を切り、木の形を整えることです。剪定のおもな目的は次のとおりです。

①木の広がりをおさえてコンパクトにする。
②枝を若返らせて、果実をなりやすくする。
③日あたりや風通しをよくする。
④枯れ枝や病害虫にかかった枝を取り除く。

枝を切った経験がなければ、「切っても枯れないか」と心配になることもありますが、果樹は剪定に強く、少々失敗しても枯れることはありませんので、おそれずにチャレンジしてみましょう。基本的にはどんな果樹でも、下記の剪定の手順のSTEP1～3にまとめることができます。どこから枝を切ってよいのか分からない場合は、STEP1からはじめましょう。各果樹の剪定のページも参考にして下さい。適期に行うこともポイントです。

剪定に最適な時期

※詳しい時期は各果樹の剪定の項目を参照。

落葉果樹 12～2月頃　　**常緑果樹** 2月中旬～3月頃

剪定の手順

STEP1
木の広がりをおさえる
（→P19）

まずは、木の高さや横への広がりをおさえるために、木を全体的に縮小する。枝分かれしているところで切る。

STEP2
不要な枝を間引く
（→P20）

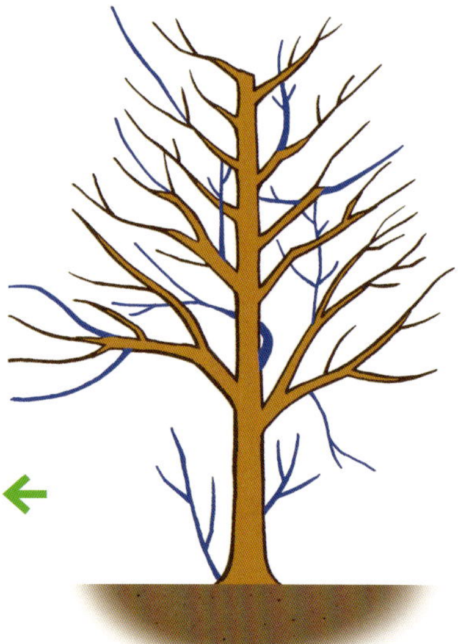

次に、日あたりや風通しをよくし、枝を若返らせるために不要な枝を間引く。枝のつけ根で切る。

STEP3
残った枝の先端を短く切る
（→P21）

最後に、STEP 1～2で残った枝のうち、長い枝などを必要に応じて短く切り返す。枝の先端から途中まで切る。

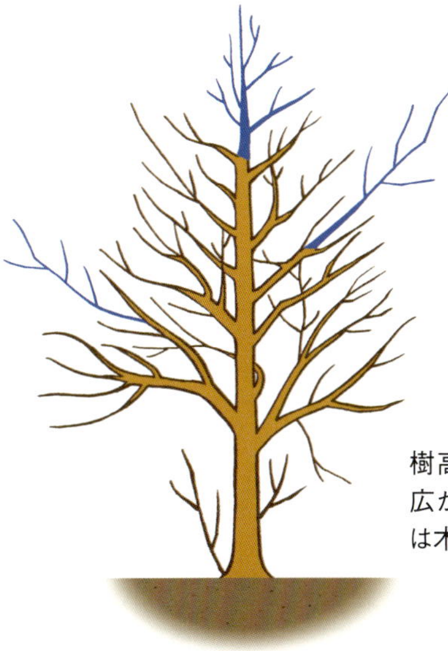

樹高が高くなり、横へも広がってきたので、まずは木の広がりをおさえる。

STEP1
木の広がりをおさえる

剪定では、まずは大きく枝を切り取ることからはじめます。木が成長すると、木が高くなったり、横へ広がったりするので、徐々に広がりをおさえます。枝の途中ではなく、枝分かれしている場所を切り残しがないように切り取ります。カキやビワなどの果樹において、変則主幹形仕立て(→P11)で木の先端を大きく切る際にもこの切り方をします。植えつけ3年目までの幼木では、この作業は必要ない場合があります。

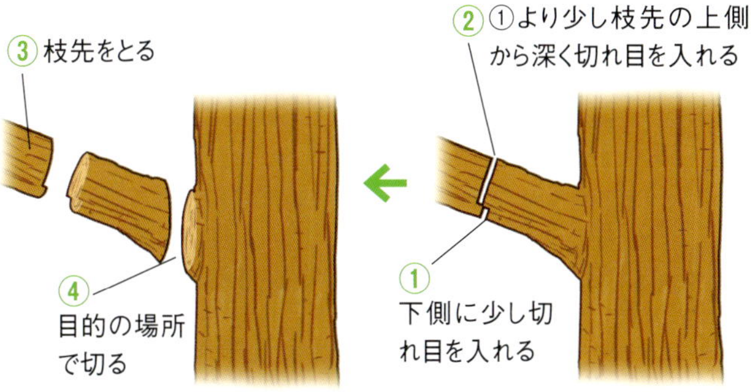

太い枝は一度で切らない

太い枝を切る際に目的の場所を一度で切ると、枝の重みで枝が裂けて残す枝に傷がつくことがある。面倒でも少し離れた場所を切って、枝を軽くしてから目的の場所で切るとよい。

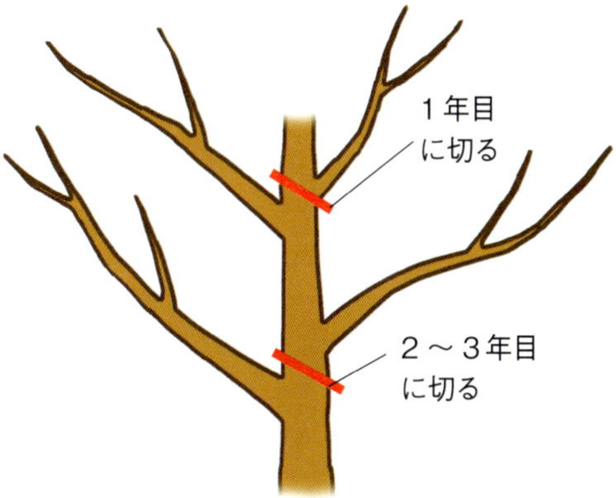

2～3年計画で切り下げる

1年でいきなり樹高を下げすぎると、翌年に太く長い枝が大発生して手に負えなくなるので、2～3年計画で少しずつ下げていく。

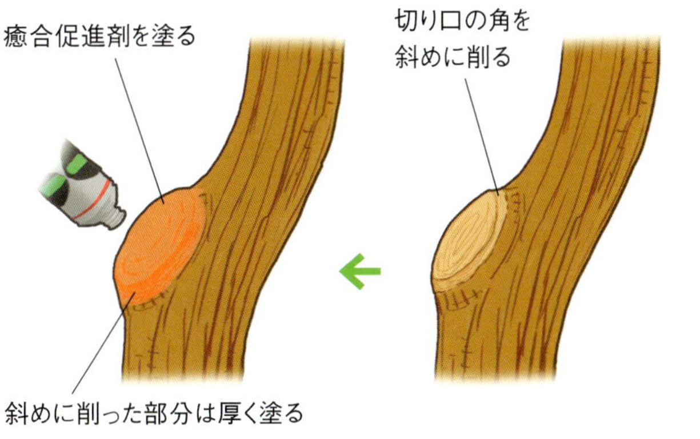

癒《ゆ》合促進剤《ごうそくしんざい》を塗る

切り口の直径が2cm以上の場合は、切り口を早くふさぐため、角を斜めに削り、市販の癒合促進剤を塗る。入手が難しい場合は木工用接着剤でも構わない。STEP 2～3の切り口も同様に塗る。

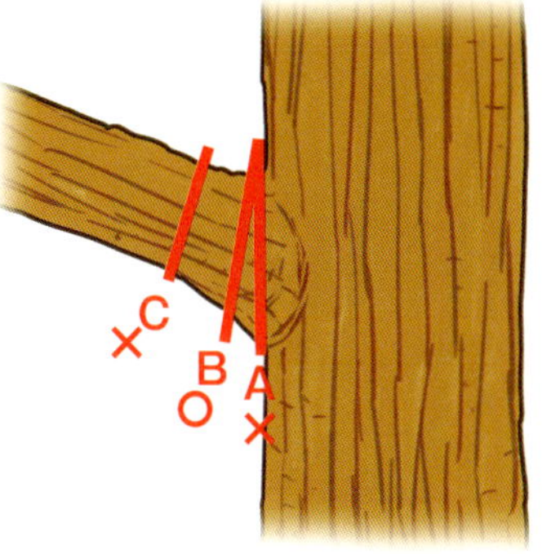

正しい位置で切る

Aでは切り口が大きすぎる。Cでは切り残した部分が枯れ込む。Bが適正な切り位置。

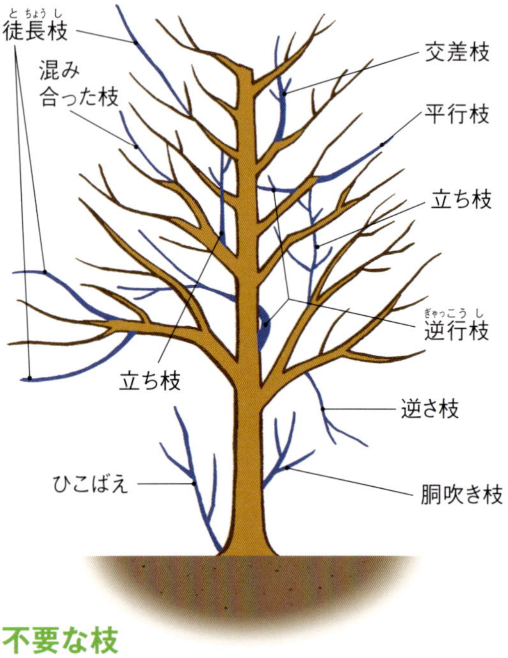

STEP2
不要な枝を間引く

不要な枝（左図）を切ることで、日あたりや風通しをよくし、新しい枝の伸びを促します。STEP 1と同様に切り残すことなく、つけ根の正しい位置で切るのがポイント。なるべく古い枝を切り、新しい枝に更新することを心がけましょう。

なるべく新しい枝に更新する

骨格となる太い枝（主枝・亜主枝）からaのような枝が伸びていれば、Aで切って更新する。もし、枝aが付近になければ、Bで切ってつけ根付近の新しい枝bに更新する。

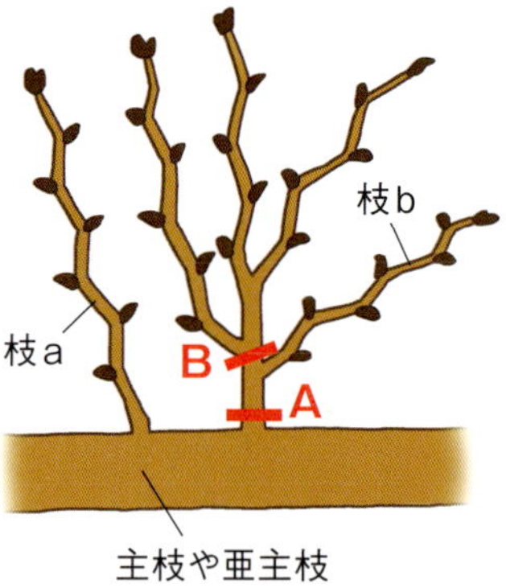

不要な枝

徒長枝：勢いが強く長く伸びる枝。花がつきにくい。
立ち枝：まっすぐ上に向かって伸びる枝。
混み合った枝：枝数が多く、枝と枝の間隔が近い枝。
平行枝：同じ方向に平行に伸びる枝。
逆行枝：内側に向かって伸び、幹と交差する枝。
ひこばえ：株元から伸びる枝。株仕立てでは残すこともある。
胴吹き枝：幹から発生する枝。必要であれば残す。
逆さ枝：下向きに伸びる枝。樹形を乱す。
交差枝：交差する枝。枝どおしが傷つく。

枝を間引く量 常緑果樹：1～3割

落葉果樹より春から夏にかけて伸びる枝の量が少ない傾向にある。剪定時に全体の枝の1～3割を目安に切り取り、葉が軽く触れ合わない程度にする。あまり枝が伸びない木は1割、よく伸びる木では3割と木の状態で調節する。

枝を間引く量 落葉果樹：4～7割

剪定時の冬には葉がすべて落ちているが、春になると再び多くの枝が伸びるので、枝が伸びるスペースを確保する必要がある。剪定時に全体の枝の4～7割を目安に切り取り、スカスカになるようにする。

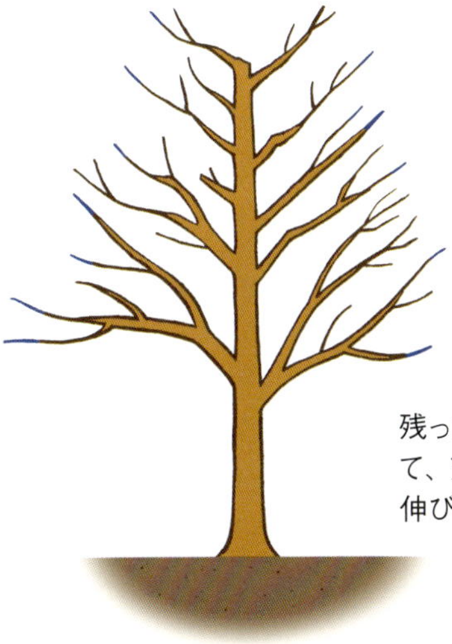

残った枝を短く切って、充実した枝の伸びを促す。

STEP3
残った枝の先端を短く切る

最後に、STEP1 ～ 2で残った枝の先端を短く切ります。どの枝を切るか、どれくらいの長さに切るかなどの詳細は果樹によって異なります。例えばブドウは、枝の全域に花芽がつくのですべての枝を7芽程度残して切っても問題ありません。一方で、カキは枝の先端付近に花芽がつくので、すべての枝を切り返すと翌年収穫できません。そこで、今年伸びた枝のうち、長い枝や翌年果実をならせない枝だけ選んで、先端から1/3程度切り返します。以上のように育てている果樹の花芽の見分け方やつく位置を確認し、切り返すことが重要です(→P22 ～ 23)。また、下記の点にも注意する必要があります。

切らない場合
先端付近のみ枝が伸びる。

Bで切った場合
先端付近から長い枝が伸び、つけ根付近から短い枝が伸びる。

Aで切った場合
すべての芽から長い枝が伸びる。

切り返す長さと枝の伸び方

枝を切る長さとその後に伸びる枝の長さには関係性がある。AのようにBのように短く切ると、長くて太い枝が伸びる。Bのように先端から1/3 ～ 1/4程度切り返すと、枝の先端からは中くらいの長さの枝が伸び、以降の節からも適度に枝が伸びる。枝の先端を切らない場合は、短い枝が先端付近のみから伸びる。これらのどれがよいかは果樹の種類や目的によって異なる。剪定後の枝の伸び方を理解して切ることが重要。

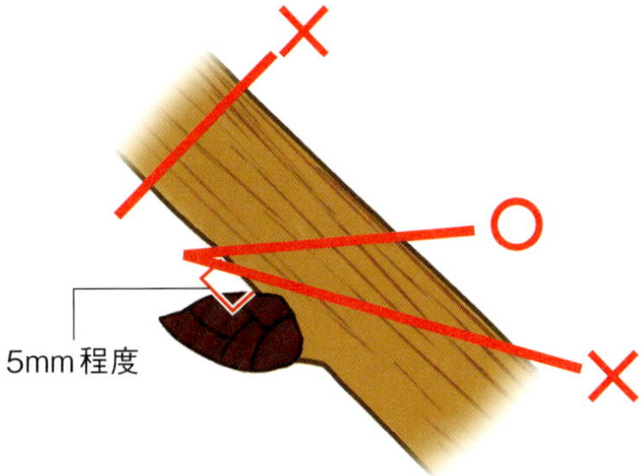

枝を切る位置

芽から離れた位置で切り返すと切り口から枯れ込みやすく、反対に芽に近すぎると芽を傷めやすい。芽の上5mm程度を残して切り返すとよい。

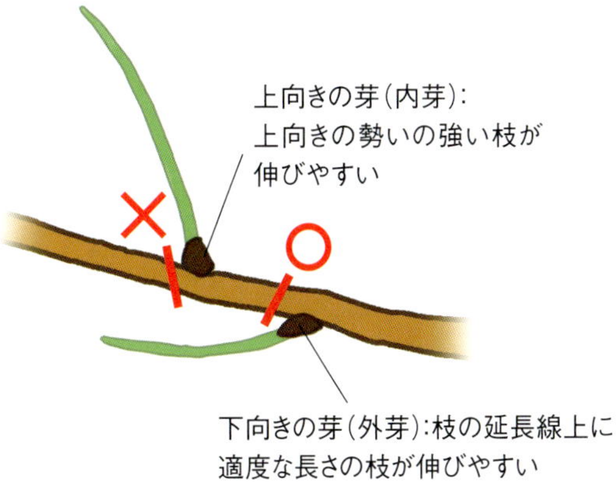

先端の芽の向き

枝を切り返す際には先端になる芽のつく向きが重要。上向きの芽を先端にすると、枝が上向きに徒長して伸びるのでよくない。適度な長さの枝をまっすぐ伸ばすため、下向きか横向きについた芽(外芽)を先端にする。

花芽のつき方

芽には花芽と葉芽の2種類があります。花芽は伸びた枝に果実(花)のみがつく「純正花芽《じゅんせいはなめ》」と、果実(花)と葉がつく「混合花芽《こんごうはなめ》」に分けられます。葉芽は、伸びた枝に葉だけつけます。枝を切るときに、すべての花芽を切ると、花が咲かず、翌年は収穫できません。育てている果樹の花芽のつく位置を把握し、それに応じて枝を切ることが剪定上達への近道です。

剪定をする冬の時点で花芽と葉芽の見分けがつきやすい果樹は、花芽を確認して残しながら枝を切りましょう。花芽の見分けがつきにくい果樹でも、花芽が枝のどこにつくかは決まっているので(下表)、心配はいりません。枝の先端に花芽がつく果樹は長い枝だけ切り返し、枝の全域に広く点在する果樹は、すべての枝を1/3〜1/2程度切り返しましょう。

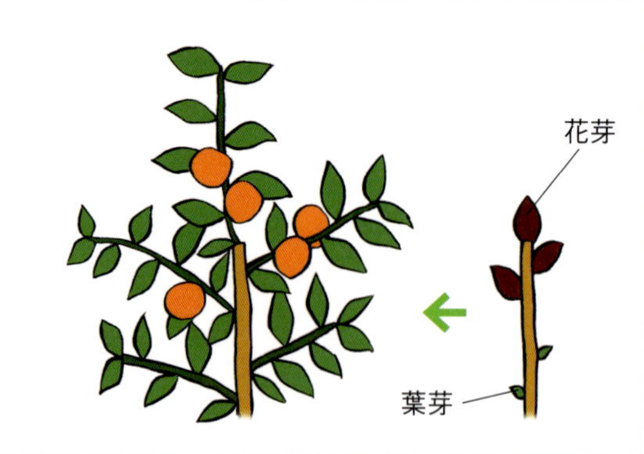

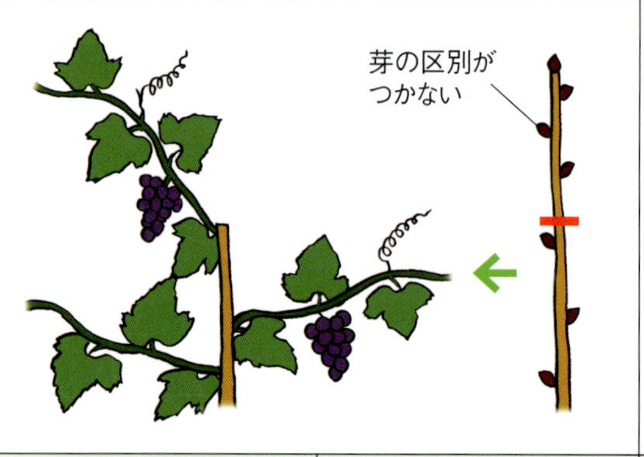

	混合花芽タイプ		純正花芽タイプ	
花芽が枝の先端付近だけにつくタイプ	花芽と葉芽の区別がつかない	花芽と葉芽の区別がつく	花芽と葉芽の区別がつかない	花芽と葉芽の区別がつく
	カキ　柑橘類*1　フェイジョア	ジューンベリー　クリ	ビワ	ブルーベリー
花芽が枝の全域に広く点在するタイプ	花芽と葉芽の区別がつかない	花芽と葉芽の区別がつく	花芽と葉芽の区別がつかない	花芽と葉芽の区別がつく
	キウイフルーツ　ブドウ　ブラックベリー　ラズベリー	ナシ*3　リンゴ*3	オリーブ	イチジク*2　ウメ　サクランボ　スモモ　モモ

*1 柑橘類の春枝にはすべての位置に花芽がつきやすい。

*2 春〜秋に枝が伸びながら純正花芽ができる。

*3 おもに短い枝(短果枝)の先端についた花芽を利用する。

※P22〜23のイラストは、便宜的に花芽と葉芽の色分けをしている。実際の芽の色とは異なる。

花芽と葉芽

葉芽
伸びた枝に葉だけがつく芽のこと。

混合花芽
伸びた枝に花（果実）と葉が両方ともつく芽のこと。

純正花芽
伸びた枝に花（果実）だけがつく芽のこと。伸びた枝は果梗になる。枝葉は周囲の葉芽から伸びる。

果実の花芽・葉芽

病害虫の予防・対処法

果樹を病害虫から守るコツを予防と対処に分けて解説します。

1 まずは予防する

肥料は適切な量を与える

丈夫な木に育てる

多少の病害虫の被害にあっても枯れないように、日頃から丈夫な木を育てましょう。植えつけ場所や鉢の置き場を工夫して、日あたりや風通しをよくすることがポイントです。また、水はけがよく、栄養分の過不足がない土づくりを心がけましょう。本書の各果樹のページに記載された管理作業を正しく行うことも重要です。

枯れ枝を切り、落ち葉を拾う

病原菌や害虫は、枯れ枝や落ち葉で越冬することが多く、取り除くことで病害虫の予防に効果があります。剪定時に枯れ枝を切り、落ち葉は拾い集めて処分しましょう。

果実袋をかける

もっともデリケートなのは果実なので、果実袋をかけて病害虫から守るとよいでしょう。最近では、園芸店などでも家庭果樹用の果実袋が市販されています。「リンゴ用」などと記載されていますが、同じような果実の大きさであれば、どの果実袋を使っても構いません。

よく観察する

日頃からよく木を観察し、異変に少しでも早く気づくことが重要です。手遅れになる前に気づき、早めに対処しましょう。

2 発生したらすぐ対処する

薬剤を散布する

できるだけ無農薬で育てたいところですが、予防や対処をしても改善されない場合は、薬剤の散布を検討しましょう。発生初期に薬剤を散布することによって、結局は少量の薬剤散布ですむ傾向にあります。薬剤の箱やボトルに記載されている果樹名と病害虫名を参考にして、薬剤を選びます。希釈濃度や散布時期、回数などは説明書の記載事項を守ります。薬剤散布時には、薬液が体にかからないように、長そでの作業着、ゴーグル、マスク、手袋などを着用しましょう。

病害虫の名前を調べて取り除く

どんな病害虫か分からなければ、対処することはできません。まずは、本書の各果樹のページや病害虫の専門書、インターネットなどで病害虫の名前を特定します。感染が拡大する病気の場合や害虫がまだその場にいる場合は、手袋やわりばしなどで病気の被害部位や害虫を取り除きましょう。発生初期であれば、多くの病害虫の発生が止むはずです。

病害虫以外の障害——生理障害

気温や光、栄養分、水分など、病害虫以外の要因で障害が起こる場合もあります。この障害を「生理障害」とよびます。

日焼け

果樹 すべての果樹　**症状** 果実や幹が強い日差しで傷む。
予防・対処法 果実や幹に強い直射日光があたらないように枝を配置する。水切れしないように水やりする。

裂果

果樹 イチジク、ウメ、サクランボ、スモモ、ブドウ、モモなど　**症状** 果実が割れる。
予防・対処法 果実に水がかからないように袋かけなどの対策をとる。土壌水分が急激に変化しないよう、水やりのタイミングにも注意する。

さび果

果樹 リンゴ
症状 果皮の表面がざらざらになる。
予防・対処法 ‘陽光’や‘つがる’などの品種で発生しやすいので、結実後に果実袋をかける。摘果の際には中心果（→P185）を残す。

寒害

果樹 すべての果樹
症状 枝葉や果実が寒さで傷む。
予防・対処法 庭植えするなら、耐寒性に応じて適地に植える。鉢植えにして冬は室内に取り込む。

樹脂症

果樹 ウメ、サクランボ、スモモ、モモなど
症状 幹や果実からヤニが吹き出す
予防・対処法 日焼け、寒害、干ばつ、病害虫などによる幹の損傷に注意し、枝を切りすぎないようにする。

養分欠乏・過剰

果樹 すべての果樹
症状 葉に退色や黄化などの異常が見られる。
予防・対処法 栄養分の過不足がないように、肥料を施す。液体肥料を葉に散布すると、症状が改善することもある。

赤あざ

果樹 ビワ　**症状** 果皮に赤紫色の斑紋が発生する。
予防・対処法 果実にあたる光を遮断するため、内側が黒色に加工された果実袋を摘果後にかける。

つる割れ

果樹 リンゴ　**症状** 果梗（軸）付近に大きな亀裂が入る。
予防・対処法 水はけをよくし、摘果後に果実袋をかける。

ス上がり

果樹 柑橘類　**症状** 果肉がスカスカになる。
予防・対処法 果実が過熟、凍結しないように、適期に収穫する。過度の施肥や枝の切りすぎにも注意する。

肥料

肥料を過不足なく施すことが、果樹栽培の成功の鍵です。一度に大量の肥料を施しても、根が傷むか、吸収されないうちに根の範囲外に流れ出るので、果樹では年間3回（元肥《もとごえ》、追肥《ついひ》、お礼肥《れいごえ》）に分けて施します。なお、元肥というと、草花や野菜では植えつけ時に施す肥料ですが、果樹では、生育開始前の冬～初春に毎年施す肥料という意味でも使います。

施す肥料の種類

肥料は、有機質肥料と無機質肥料に大別されます。有機質肥料は油かすや鶏ふん、骨粉などが代表的で、土をやわらかくする効果があり、カルシウムなどの要素も含まれています。無機質肥料の代表は化成肥料です。これは無機物を原料として化学的に合成したもので、おもにチッ素、リン酸、カリウムが高い割合で含まれています。

本書では両者の長所を活かして、庭植え鉢植えともに、生育開始前の元肥には油かすを、成長著しい時期の追肥や収穫後のお礼肥には化成肥料を用いた施肥方法を紹介しています。油かすは粉末でも固形でも構いませんが、骨粉などが混ぜられたものがおすすめです。化成肥料の指定はありませんが、チッ素（N）リン酸（P）カリウム（K）が均一に含まれたもので、N-P-K＝8-8-8や10-10-10などと表示された、各成分が8～10％前後含まれたものがよいでしょう。

おすすめの肥料

油かす

ナタネやダイズなどのタネから油をしぼった残りかすからつくられたもの。骨粉などが混ぜられたものだとさらによい。

化成肥料

無機物を原料に、化学的に合成された肥料。果樹にはチッ素、リン酸、カリウムのバランスが同じものがおすすめ。

施す時期と量

肥料を施す時期と量は、P29からはじまる「果樹の育て方」を参考にして下さい。庭植えは冒頭のページの「肥料（庭植え）」、鉢植えは末尾の「鉢植え栽培」に記載してあります。庭植えは、枝葉が茂る範囲が直径2mになれば1mの値の4倍、直径3mになれば9倍の量を施します。鉢植えは、10号鉢になれば8号鉢の1.5倍、15号鉢になれば、3倍の量を施します。ひと握り30g、ひとつまみ3gを目安に計算するとよいでしょう。施す量はいずれも目安とし、枝の伸び具合や葉の色、果実の大きさを見て調節します。施す量が少なくて枯れることはほとんどありませんが、多すぎると根がしおれ、枯れることもあるので注意します。

施す場所

庭植えは、枝葉の茂る範囲の地面に均一に施します。施した肥料は、クワやスコップで軽くすき込むと分解が進みます。また、鳥に食べられるのを防ぐ効果もあります。鉢植えは鉢土の表面に均一に施し、すきこむ必要はありません。

庭植え

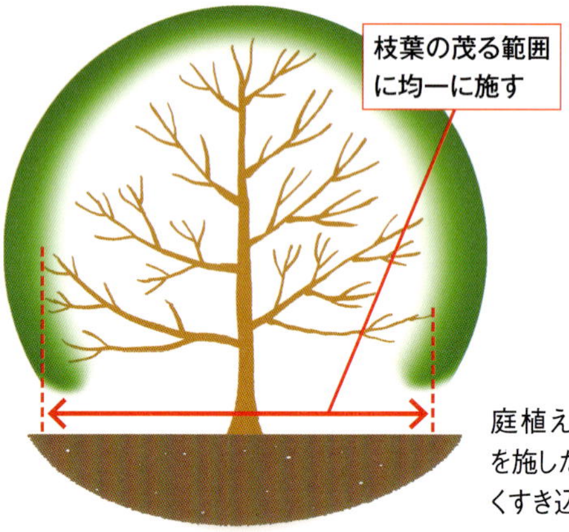

庭植えでは肥料を施したら土に軽くすき込む。

鉢植え

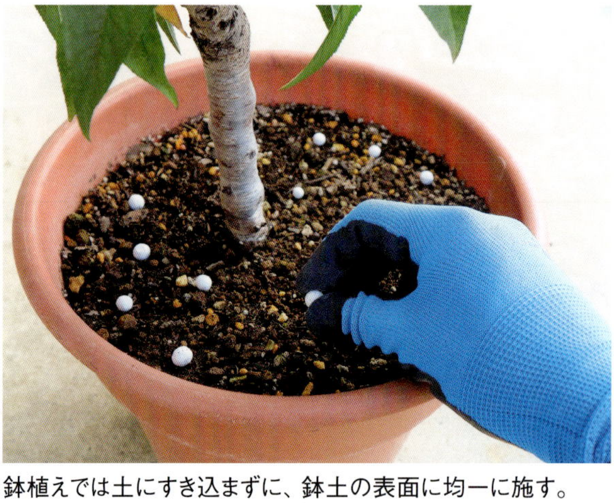

鉢植えでは土にすき込まずに、鉢土の表面に均一に施す。

鉢植えの管理作業

管理作業のポイントは、置き場、水やり、植え替えです。

1 置き場

病原菌の多くは雨によって運ばれ増殖するので、置き場を軒下などの雨があたらない場所にすることで病気の発生がかなりおさえられます。その一方で、基本的にはどんな果樹でも日あたりを好みます。軒下であっても、なるべく日光が長くあたる場所に置きましょう。

冬は、果樹の耐寒性に応じて置き場所が異なります。常緑果樹の多くは、寒さに弱いので、冬だけ日あたりのよい屋内などに移動させましょう。落葉果樹の多くは寒さに強く、暖かい場所に置くと翌春開花しないので、屋外で冬越しさせます。

軒下でもなるべく日光があたる場所がよい。

2 水やり

鉢土の表面が乾いたら、鉢底から水が流れ出るまでたっぷりと水やりをします。春と秋は2～3日に1回、夏は毎日、冬は7日に1回が目安です。

また、枝葉に水がかかると病気が発生することがあります。水やりの際にはなるべく枝葉にかからないように、株元に向かって行いましょう。ただし、夏の晴天時など乾きやすい状態であれば、葉の温度を下げたり、ハダニ類やアブラムシ類を洗い落としたりする目的で枝葉に水をかけても問題ありません。

株元に向かって水やりをする。

植え替え

鉢植えは植えつけから2～3年すると、鉢が古い根でいっぱいになり、水をうまく吸えなくなって木が弱りはじめます。植えつけ後、2～3年に1回は植え替えをしましょう。鉢底から根がはみ出している、水をやってもしみ込みにくい、枝葉の伸びが悪い、このいずれかにあてはまれば、年数に関わらず植え替えます。

適期

植えつけと同じく根の生育がゆるやかな時期に行う(→P10)。

一回り大きな鉢に植え替える場合

鉢を大きくする場合は、一回り大きな鉢に植え替える。方法は植えつけと同じ(→P10)。

同じ鉢に植え替える場合

鉢の大きさを今以上大きくしたくない場合は、左の1～4を参考に同じ鉢に植え替える。

1 鉢底から根が出ていれば切り、鉢を叩きながら株を引き抜く。この際、もし根がびっしり巻いていなければ、植え替えは不要。

2 底の面の根を3cm程度ノコギリで切り詰める。適期に行えば、根を切り詰めても木が弱ることはない。

3 底の面と同様に、側面の根も周囲を3cm程度ノコギリで切り詰める。

4 新しい鉢底石と用土を同じ鉢に敷き詰め、株を植え戻して、水をたっぷりやったら完成。2～3年後に再び植え替えする。

果樹栽培カレンダー一覧

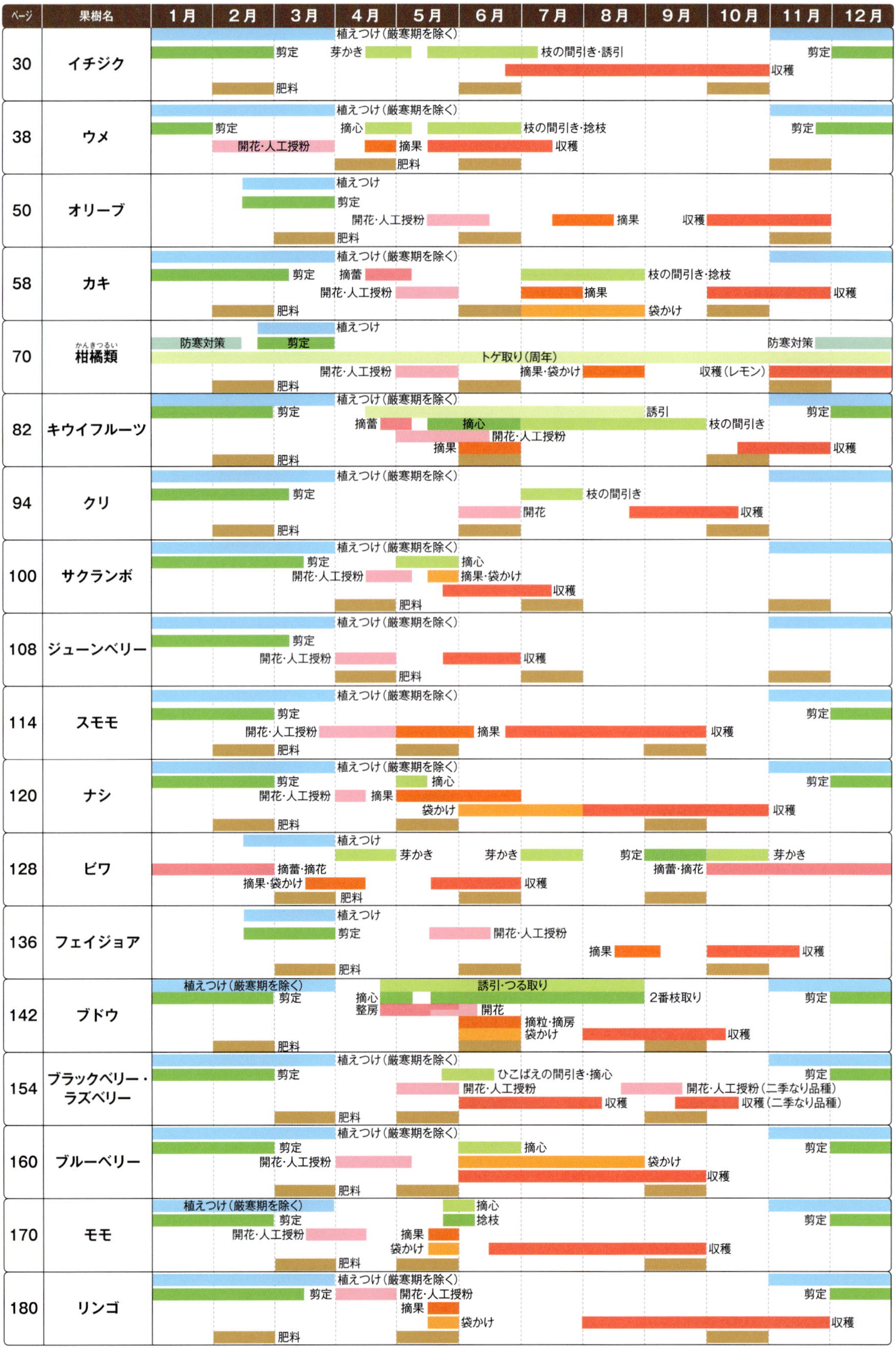

Part2

果樹の育て方

いよいよ好みの果樹を育てましょう。
作業の項目が多くて難しく見えるかもしれませんが、
ポイントさえおさえれば大丈夫。
慣れてきたらレベルアップの作業にチャレンジしてみましょう。

イチジク

DATA

科属名	クワ科 イチジク属
形態	落葉半高木
樹高	3m程度 最大8m
耐寒気温	−10℃
土壌pH	6.5〜7.0
花芽	純正花芽
隔年結果	しにくい

受粉樹

不要

難易度

やさしい

肥料（庭植え）

枝葉が茂る範囲が直径1m未満の木なら油かすを2月に150g、化成肥料を6月と10月にそれぞれ45gずつ施す。

栽培カレンダー

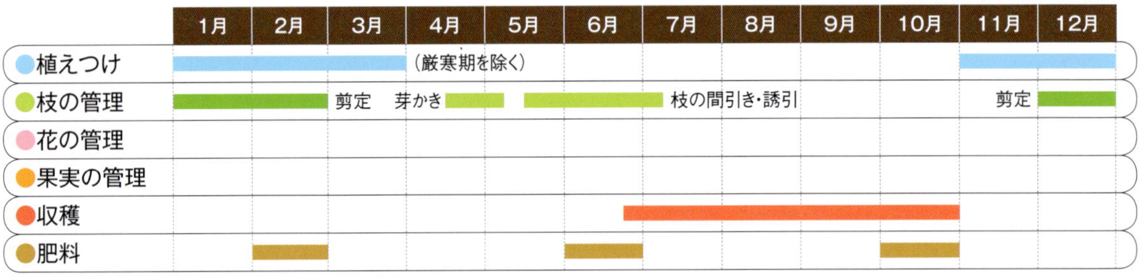

品種や目的に応じた仕立て方を選ぶ

イチジクは病害虫に強く、丈夫で育てやすいので、初心者にもおすすめの果樹です。自分で収穫した完熟果の甘く濃厚な味わいは、市販品とは比べものになりません。

現在、少なくとも30品種以上が国内に出回っています。夏果（6〜7月頃収穫する果実）だけがなる夏果専用種と、秋果（8〜9月頃収穫する果実）だけがなる秋果専用種、そして夏果・秋果の両方がなる夏秋果兼用種に分けられます。

苗木を植えつけたら、ふたつある仕立て方のうち、どちらかを選びます（→P31）。開心自然形仕立て（→P11）は、すべての品種に対応でき、夏果専用種や夏秋果兼用種の夏果を収穫できますが、3m以上の大木になりやすいという欠点があります。一文字仕立て（→P11）は夏果が収穫できないので、夏果専用種には対応していませんが、樹高が1.5m程度と低く、剪定が簡単なので初心者にはおすすめです。

品種

品種名	収穫期				果実重(g)	特徴
	6月	7月	8月	9月		
夏果専用種						
ビオレ・ドーフィン					150	果皮は紫色で果肉は紅色。夏果専用種のなかでも大きく、食味もよい。
ザ・キング					60	果皮は緑色で果肉は桃色。甘味が強く、実つきがよい。
夏秋果兼用種						
バナーネ		夏果	秋果		夏果 160 秋果 110	果皮は茶褐色で果肉は紅色。大果で甘味が強く、ねっとりとした歯触りがある。
桝井《ますい》ドーフィン		夏果	秋果		夏果 150 秋果 100	果皮は紫色で果肉は紅色。代表的な品種で苗木の入手が容易。
秋果専用種						
ゼブラ・スイート					50	果皮は黄緑色と白色の縞模様で果肉は紅色。食味もよい。
蓬莱柿《ほうらいし》(早生《わせ》日本種《にほんしゅ》)					70	果皮は薄紫色で果肉は桃色。やや酸味がある晩生品種。

植えつけと仕立て

1年目(植えつけ)

時期

11 ~ 3月(厳寒期を除く)

ポイント

pH 7.0程度の中性の土壌を好むので、掘り返した土に苦土石灰と腐葉土を混ぜ込む。根が乾燥に弱いので、植えつけ後はワラなどで株元を覆う。

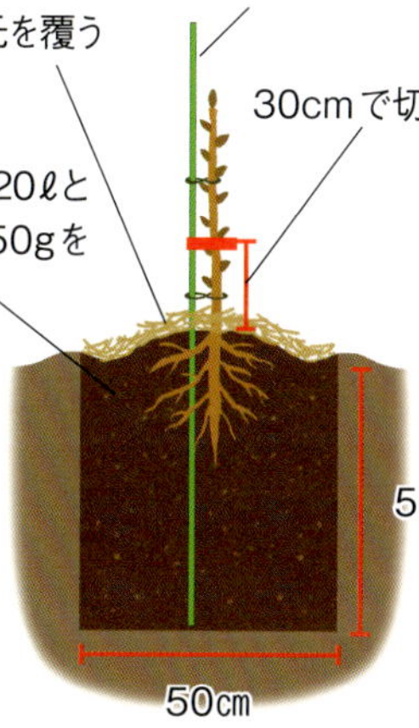
支柱を立てる
腐葉土18～20ℓと苦土石灰250gを土に混ぜる

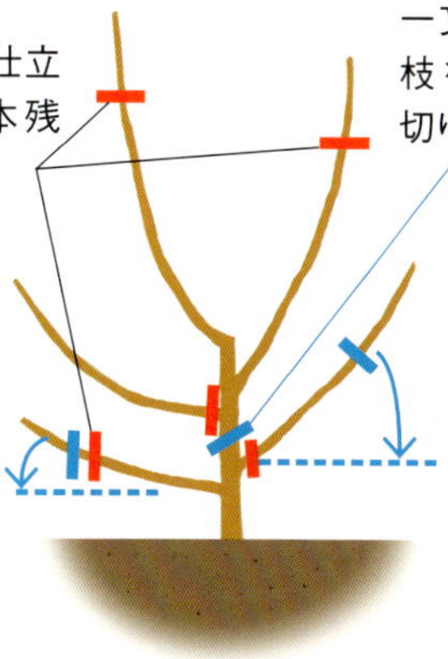
開心自然形仕立ては枝を3本残して切り返す
一文字仕立ては枝を2本残して切り返す

2年目

一文字仕立てなら左右に伸びる枝を2本残して先端から1/4程度切り返し、水平に倒す。開心自然形仕立てなら3本の枝を残して先端から1/4程度切り返す。

すべての品種

3年目以降(開心自然形仕立て)

木が高くなりすぎないように開心自然形に仕立てる。枝が混み合わないように間引き、長い枝は1/2程度切り返す。

夏秋果兼用種・秋果専用種

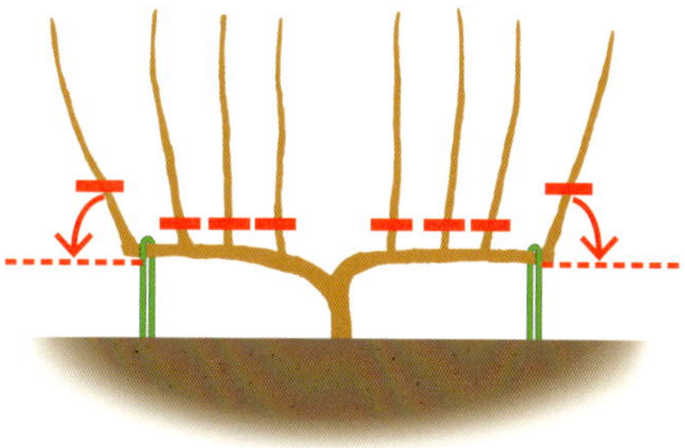

3年目以降(一文字仕立て)

木を左右に広げるなら、両端の枝を5芽残して切り返し、水平に倒す。それ以外の枝は1 ~ 2芽残して切り返す。木を広げないなら、すべての枝を1 ~ 2芽で切り返す。

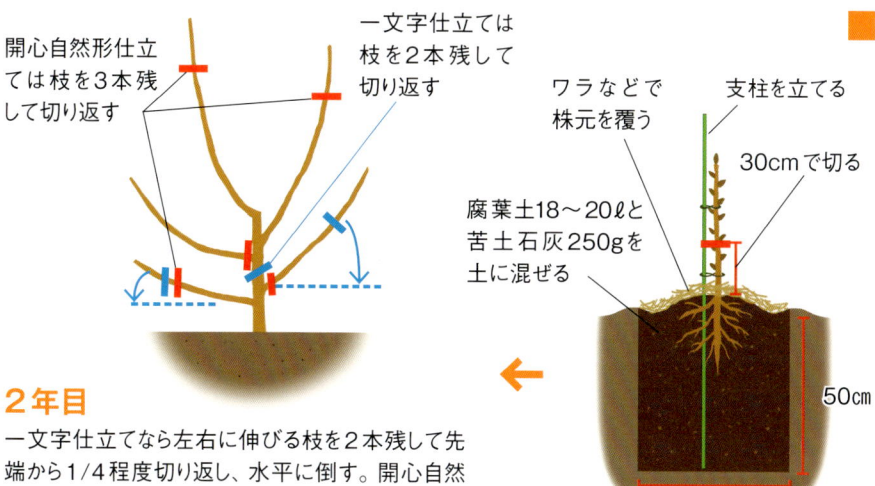

作業と生育のサイクル

ポイント

- 品種や目的に応じた仕立て方を選ぶ。
- 夏果を収穫したいなら、剪定時に枝先を切り返さない。
- 枝や果実の切り口から流れ出る白い樹液に触れると、かぶれるので注意する。

1 芽かき(→P33)

多く出すぎた若い枝を間引く。

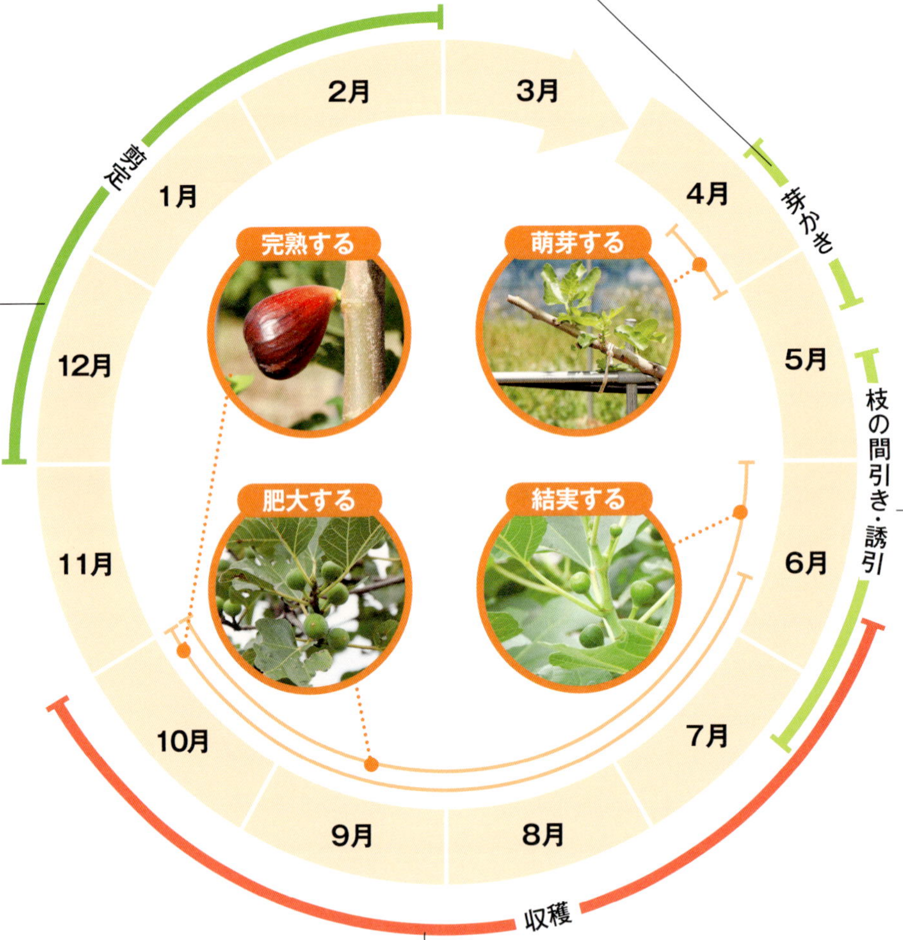

4 剪定(→P34)

大木にならないように枝を切る。

3 収穫(→P33)

完熟したものから収穫する。写真は‘桝井ドーフィン’の果実。いちばん右が収穫適期。

2 枝の間引き・誘引(→P33)

風通しをよくするために、混み合う枝を間引いて、支柱を立てて誘引する。

管理作業

1 芽かき

4月中旬～5月上旬

冬の剪定で枝を切り返した場所からは、多くの若い枝が伸びる。すべての枝を残すと各枝が細く弱くなるので、長く伸びる前に適宜間引く。
残す若い枝の数は、一文字仕立てで1本、開心自然形仕立てで3～4本とする。切り口から流れ出る白い樹液に触れるとかぶれることがあるので、手袋をつけるなどして注意する。

2 枝の間引き・誘引

5月中旬～7月上旬

1 枝が伸びて混み合ってきたら、間引いて風通しをよくする。

2 幼木や一文字仕立ての成木では、風で枝が折れないように伸びた枝を誘引する。枝に沿って支柱を立て、ひもなどを使って固定する。

3 収穫

6月下旬～10月

枝の先端付近の果実

果実は一定以上の温度が保てないと成熟しないので、枝の先端付近の果実は晩秋になると収穫できない場合がある。写真は11月の‘桝井ドーフィン’。夏秋果兼用種なので、枝の先端には翌年用の花芽（夏果）が1～5芽程度つく。

完熟したら手で軽く持ち上げて収穫する。完熟の目安は品種によって違うので、色やかたさから判断する。白い樹液に注意する。

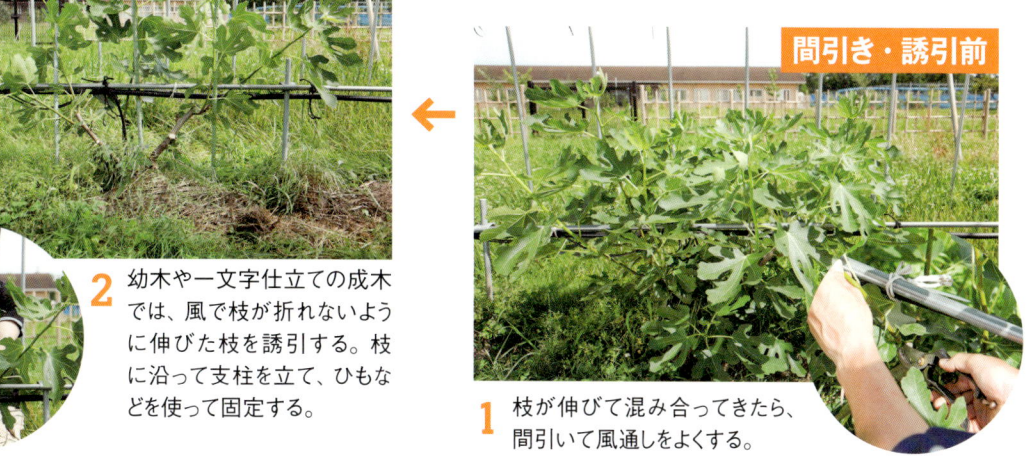

4 剪定

12～2月

■枝の伸び方と果実がつく位置

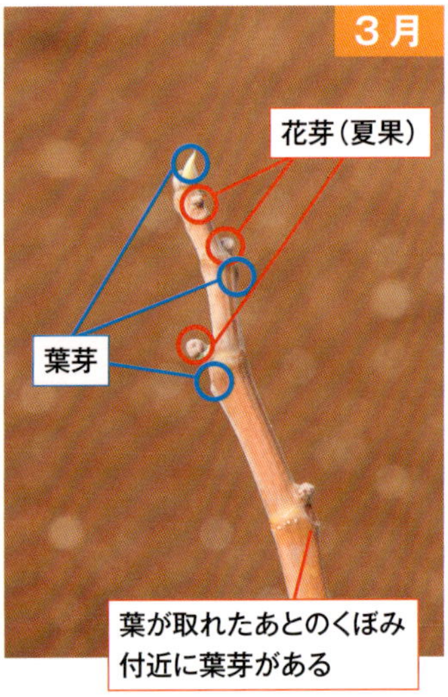

夏果専用種

純正花芽（→P22）

枝の先端付近にだけ、翌年に夏果へと成長する純正花芽が数個つく。葉芽は枝の全域につく。葉芽と純正花芽（夏果）は区別できる。

花芽が成長し6～7月に夏果が成熟する。先端の1～3個の葉芽から枝葉が伸びるが、伸びた枝の葉のつけ根には秋果のような果実はならない。枝の先端をすべて切り返すと果実がなくなるので、長い枝だけ切り返すとよい。

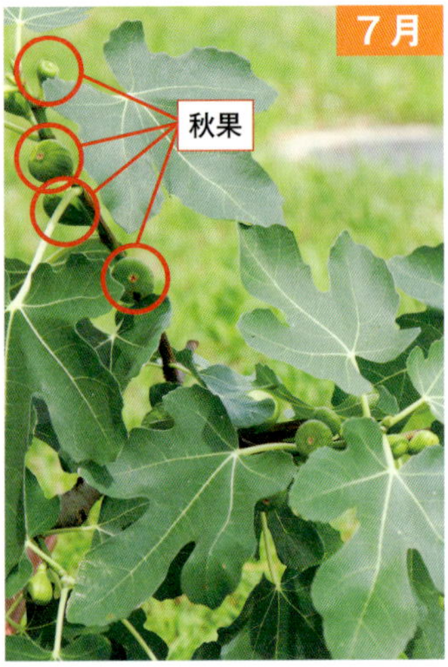

秋果専用種

純正花芽（→P22）

夏果専用種とは違い、枝の先端には純正花芽がなく、剪定時にある芽のすべてが葉芽。

葉芽から枝葉が伸びる。枝葉が伸びながら、葉のつけ根に純正花芽がつき、秋果がなる。基本的には、どの葉芽から伸びた枝にも果実がつくので、剪定時、写真右のように1～2芽残してバッサリ切り返してもよい。伸びた枝葉のうち、栄養状態が悪いものには、上のほうの葉のつけ根にしか果実がならない。

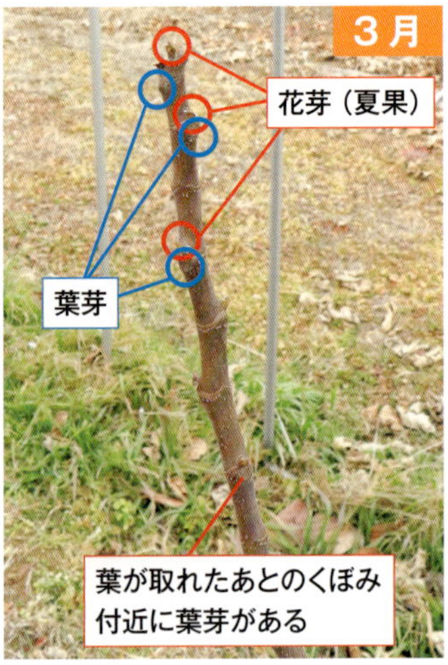

夏秋果兼用種

純正花芽（→P22）

夏果専用種と同じ。枝の先端付近にだけ、翌年に夏果へと成長する純正花芽が数個ついている。葉芽は枝の全域につく。葉芽と純正花芽（夏果）は区別できる。

枝の先端にある花芽が成長し6～7月に夏果が成熟する。先端の1～3個の葉芽から枝葉が伸び、葉のつけ根に、秋果がつく。夏果と秋果を両方つけたい枝の先端は、剪定時に切り返さない。ただし、すべての枝を切らずに残すと、間伸びした木になり枝が若返らないので、40cm以上の長い枝だけ1/2程度切り返すとよい。

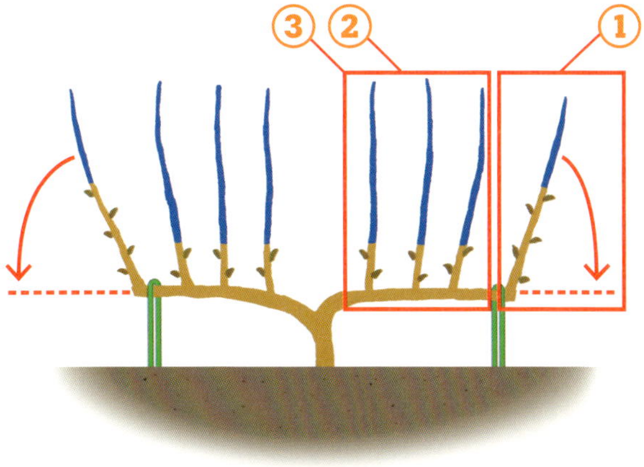

一文字仕立ては樹高が低く、剪定が簡単なので、秋果専用種や夏秋果兼用種ではおすすめ。

■剪定の手順（一文字仕立て）

① 両端の枝を5芽程度で切り返し、倒す

木を拡大させるなら両端の枝を5芽程度で切り返して倒す。

② 残りの枝を1～2芽残して切り返す

残った枝は1～2芽で切り返して枝の伸びを促す。

③ 枯れ込み防止のために切り口を詰める

去年切り返したところを切り詰める。

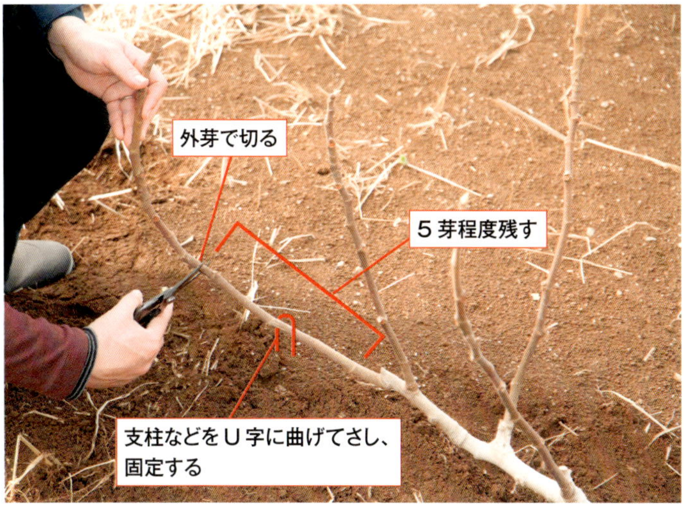

① 両端の枝を5芽程度で切り返し、倒す

一文字仕立ては秋果専用種、夏秋果兼用種に向く。木を拡大させるなら両端の枝の先端（骨格となる枝の先端）を5芽程度で切り返す。下向きの芽が先端になるように外芽で切るとよい。切り返した枝は水平に倒す。支柱などをU字に曲げてさし、固定する。枝を伸ばすスペースがなく、木を拡大させない場合は1～2芽で切る。

---

② 残りの枝を1～2芽残して切り返す

残りの枝はすべて1～2芽で切る。芽の位置は、葉がとれたあとのくぼみが目印となる。

③ 枯れ込み防止のために切り口を詰める

去年の剪定で枝を1 ～２芽切り返したあとを残したままにすると、枯れ込むことがある。そこで、ハサミやノコギリで切り詰めてきれいにするとよい。

■剪定の手順（開心自然形仕立て）

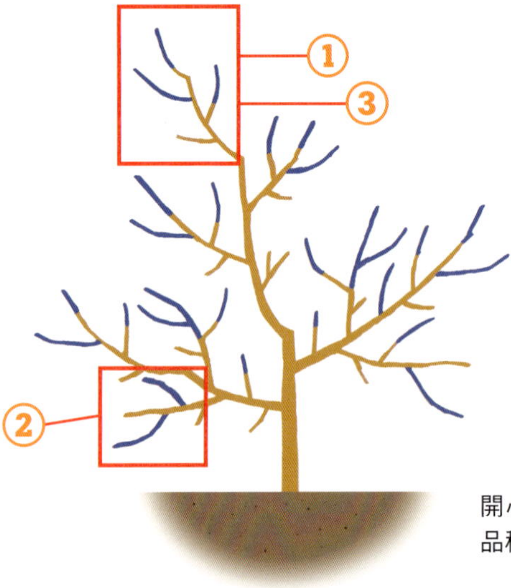

① 先端の枝を 1 本に間引く
充実した枝１本を残して間引く。

② 不要な枝をつけ根から間引く
混み合った枝など不要な枝を切る。

③ 残した一部の枝先を 1/2 程度切り返す
全体の半分ほどの枝の先端を1/2程度切る。

開心自然形仕立てはすべての品種に利用できる。

先端の枝は充実した1本を残して間引く。混み合った枝は、翌夏に枝が伸びても触れ合わないように間引く。残した枝のうち、40cm以上の枝は1/2程度切り返す。

ひこばえも株元から切り取ったのですっきりした。Aのように切り返さなかった枝には翌夏に夏果がなる。剪定によって切り取った枝の量が全体の４割程度になるようにする。

■病害虫対策

病害虫名	発生時期	症状	防除法
疫病《えきびょう》	4～9月	果実が暗褐色になり腐敗する。感染した枝葉は枯れる。	日あたりや風通しをよくする。肥料をやりすぎすると発生を助長するので注意する。
アブラムシ類	5～9月	若い枝葉に寄生し吸汁する。	葉や枝の先端を観察し、見つけ次第、捕殺する。
カミキリムシ類	6～9月	成虫が、地際付近の幹に産卵する。その後、ふ化した幼虫が幹を食害し、木が弱る。もっとも注意すべき害虫。	地際付近の幹を観察して、幼虫が出す木くずや糞を見つけたら、穴に針金を差し込み処分する。
カイガラムシ類	6～10月	フジコナカイガラムシなどが枝に寄生し吸汁する。	見つけ次第、歯ブラシなどでこすり落とす。冬にマシン油乳剤を散布すると効果的。

カイガラムシ類

カミキリムシ類

アブラムシ類

横長のプランターに苗木を寝かせるように植えて、一文字仕立てにするとコンパクトで育てやすい。

鉢植え栽培

剪定などの管理作業が簡単な一文字仕立てで育てるために、苗木は夏秋果兼用種や秋果専用種を選ぶとよい。

DATA

■用土
「果樹・花木用の土」がおすすめ。入手できなければ、「野菜用の土」:鹿沼土（小粒）＝7:3と苦土石灰を一握り(25～35g)を混ぜて使う。また、鉢底石を鉢底に3cmほど敷き詰める。

■植えつけ（プランターの目安：30～40ℓ）
一文字仕立ては棒苗をプランターに寝かせて植えるとよい。

■置き場
春から秋は軒下などの雨があたらない場所で、少しでも直射日光が長くあたる場所に置く。冬は、－10℃を下回らない場所に置く。

■水やり
鉢土の表面が乾いたらたっぷりと水やりする。

■肥料
プランター(30～40ℓ)なら、油かすを2月に120g、化成肥料を6月と10月に40gずつ与える。

■管理作業
P33～37参照。

ウメ

DATA

科属名	バラ科 ウメ属
形態	落葉高木
樹高	3m程度 最大8m
耐寒気温	−15℃
土壌pH	5.5〜6.5
花芽	純正花芽
隔年結果	しにくい

受粉樹

品種によっては必要

難易度

ふつう

肥料（庭植え）

枝葉が茂る範囲が直径1m未満の木なら油かすを11月に150g、化成肥料を4月に45g、6月に30g施す。

栽培カレンダー

	1月	2月	3月	4月	5月	6月	7月	8月	9月	10月	11月	12月
植えつけ	━	━	━	（厳寒期を除く）							━	━
枝の管理	━	剪定		摘心 ━	━	━	枝の間引き・捻枝				剪定 ━	━
花の管理		━	━	開花・人工授粉								
果実の管理				━	摘果							
収穫					━	━	━					
肥料				━		━					━	

古くから栽培される伝統果樹

原産地は中国で、渡来時期は不明ですが、弥生時代から何回かにわたって日本に導入されたといわれています。日本最古の歌集「万葉集」に掲載されている約4500首の歌のうち、ウメに関する歌は約120首あります。これは植物では約140首のハギに次いで多く、サクラの約40首よりも多いことから、ウメが古くから日本人に親しまれてきたことが推測できます。

花を観賞する花ウメと果実を収穫する実ウメがありますが、収穫を楽しみたいのであれば必ず実ウメの品種を購入します。基本的に苗木1本では実つきが悪いので、開花期が近い異なる品種を近くに植えましょう。摘果しないで果実がなりすぎたとしても隔年結果しにくい性質があり、手間のかからない果樹といえます。ただし、「サクラ切るバカ、ウメ切らぬバカ」という言葉があるように、冬に剪定して木を若く保つことが重要です。

■品種

品種名	受粉樹	開花期 2月	開花期 3月	収穫期 5月	収穫期 6月	収穫期 7月	果実重(g)	特徴
竜峡小梅（りゅうきょうこうめ）	不要	■		■			8	開花期や収穫期が早い。カリカリ梅に向く。
花香実（はなかみ）	不要	■	■		■		30	ピンク色の八重の花が美しい。梅干しやジャムに向く。
南高（なんこう）	必要		■		■		25	代表的な品種で実つきがよい。梅干しやジャムに向く。
白加賀（しろかが）	必要		■		■		30	花粉が少なく受粉樹には不向き。梅酒やジュースに向く。
豊後（ぶんご）	必要		■		■		40	アンズとウメの雑種。梅酒やジュースに向く。
露茜（つゆあかね）	必要		■			■	65	スモモとウメの雑種で新品種。梅酒やジュースに向く。

開心自然形（→P11）に仕立てたウメ。1m程度の高さから、骨格となる枝（主枝）を2～3本発生させる。

■植えつけと仕立て（開心自然形仕立て）

支柱を立てる
60cmで切る
腐葉土18～20ℓを土に混ぜる
50cm
50cm

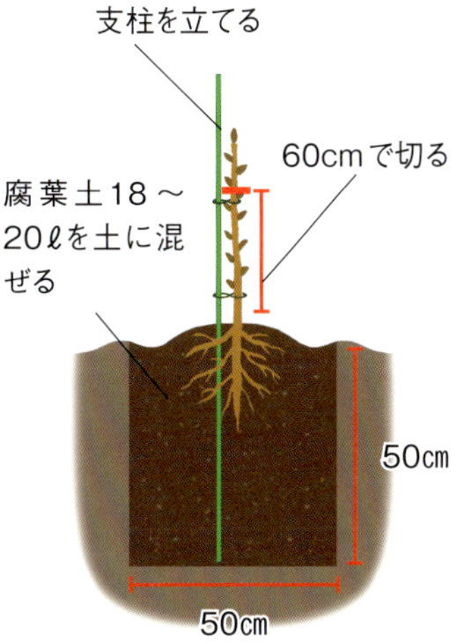

1年目（植えつけ）

時期
11～3月（厳寒期を除く）

ポイント
苗木は少し浅めに植えつける。秋植えのほうが根が土によくなじむ。できれば開花前には植えつけたい。受粉樹が必要な品種は、3m程度離れた場所に開花期が近い異なる品種を植える。

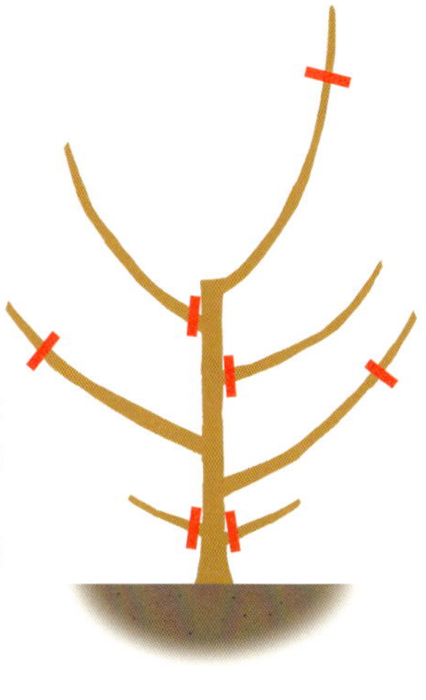

2年目
伸びた枝のうち、充実した2～3本の枝を残し、ほかはつけ根から間引く。残した枝は1/4程度切り返す。

3年目以降
先端の枝を1本選び、競合する枝は間引く。果実がなりやすい短い枝（短果枝）がたくさんつくように心がける。

短果枝

ウメ

■作業と生育のサイクル

ポイント

- 受粉樹が必要な品種は、開花期が近い異なる品種を近くに植える。
- 梅干しや梅酒は中〜大梅の品種、漬け物は小梅の品種など、目的に合わせて品種を選ぶ。

1 人工授粉(→P42)

毎年のように実つきが悪い場合のみ作業を行う。

2 摘果(→P42)

大きな果実を収穫したい場合のみ行う。

3 摘心(→P43)

葉10〜15枚を残して枝を充実させる。

7 剪定(→P46)

翌年、短い枝(短果枝)がたくさんつくように枝を切る。

6 収穫(→P45)

梅酒やジュースは青ウメ、梅干しは熟した黄ウメを収穫。

5 捻枝《ねんし》(→P44)

枝をねじって曲げ、利用しやすい枝にする。

4 枝の間引き (→P43)

初夏に枝を間引いて日あたりや風通しをよくする。

1 人工授粉

2～3月

天候などの影響で、ミツバチなどの昆虫がうまく受粉してくれないと実つきが悪くなる。確実に結実させたい場合は人工授粉する。毎年実つきがよい場合は不要。多くの品種は同じ木（品種）の花粉では受粉しないので、異なる品種の花に行わないと意味がない。咲いている花を摘んで、異なる品種の花にこすりつける。開花直後で葯（やく）が開いていない花、また花びらが散っているような花は、受粉することができないので注意する。ひとつの花の花粉で約10個の花を受粉することができる。

方法① 花を直接こすりつける

方法② 絵筆で交互に触れる

乾いた絵筆で雄しべに触れ、コップなどに花粉を集め、異なる品種に受粉する。異なる品種でも同様の作業をし、はじめの品種に受粉する。これを交互に行うことで実つきがよくなる。

---

2 摘果 レベルアップ

4月中旬～下旬

1 ウメは花芽ができはじめる7月よりも前に収穫が完了するため、果実がなりすぎても隔年結果することはほとんどない。つまり摘果は必須の作業ではない。ただし、大きな果実を収穫したいのであれば、果実を間引くと効果的。
傷のあるものや小さいもの、形が悪いものを優先して手で摘み取る。

2 5cm未満の枝は1果残して間引く。長い枝の場合は果実の間隔が5cm程度になるように間引くとよい。

3 摘心

レベルアップ

4月中旬～5月上旬

枝の不要な伸びをおさえることで枝が充実し、花芽が多くつくようになる。日あたりや風通しを改善させる効果もある。
葉が10～15枚つくようになったら、枝の先端の芽を手で摘み取って成長を止める。枝が長くなる前に行うと効果的。長い枝の先端は伸ばす必要があるので、摘心は不要。

4 枝の間引き

5月中旬～6月

1

冬の剪定だけでは枝の数をコントロールすることが難しいので、初夏にも枝を間引く。間引くことで日あたりや風通しがよくなり、枝が充実するので花芽がつきやすくなる。

2

枝が混んでいる場所は、枝のつけ根から間引く。

3

葉が触れ合わない程度の間隔に枝を減らす。つけ根付近に果実がついている枝は間引かない。

5 捻《ねん》枝《し》

レベルアップ

5月中旬～6月

1

枝をねじって、枝を横向きに曲げることで、翌年果実がなるような枝に成長する。この作業を「捻枝」という。真上に伸びる枝のうち、周囲に果実がなっている枝が少なく、翌年度以降に果実をならせたい枝を選んで捻枝するとよい。

2 真上に向かって伸びる枝のつけ根を片手でしっかり固定し、もう片方の手でねじって枝の一部をやわらかくして、角度を横向きにする。水平に曲げると枝が折れるので、ねじって（回転させて）曲げるのがポイント。

3

捻枝後の枝。手を離しても角度は横向きのままなので、不要な伸びがおさえられ、花芽がつく枝に成長する可能性が高い。失敗した場合は枝のつけ根から切り取る。

6 収穫

5月中旬～7月中旬

収穫時期になったら、果実を軽くつまんで上に持ち上げて収穫する。傷をつけないようにカゴなどにていねいに入れる。果実は高温乾燥に弱いので、保存する際はポリ袋に入れて冷蔵庫の野菜室に入れる。

利用方法によって収穫適期が異なる

梅酒やジュースにする場合は、果汁が豊富な青ウメ（写真右）を収穫する。肥大が停止して、表面の毛が半分くらい落ちた果実が収穫適期。

梅干しにする場合は、香りが豊かで果肉がやわらかい黄ウメ（写真左）を収穫する。全体が黄色に熟した果実から順次摘み取る。

落ちた果実を収穫してもよい

黄ウメを収穫する場合、木が大きくて収穫が大変なら、木の下にシートや網を引いて自然に落ちた果実を拾ってもよい。枝を棒などで叩いて落とす方法もある。ただし、落ちた衝撃で果実に傷が入る可能性があるので、収穫後は早めに利用する。

7 剪定

11月下旬〜1月

枝の伸び方と果実がつく位置

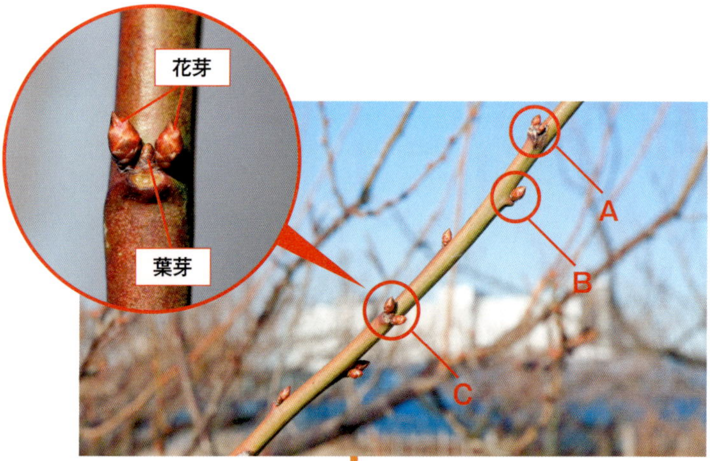

1月下旬

純正花芽(→P22)

花芽は枝全体につく。花芽と葉芽は区別できる。

大きい芽が花芽、小さい芽が葉芽。花芽からは花（果実）だけ、葉芽からは枝葉だけが発生する。1カ所に1～3個の芽がつく。Aは花芽と葉芽、Bは花芽、Cは花芽ふたつに葉芽ひとつが挟まれている。

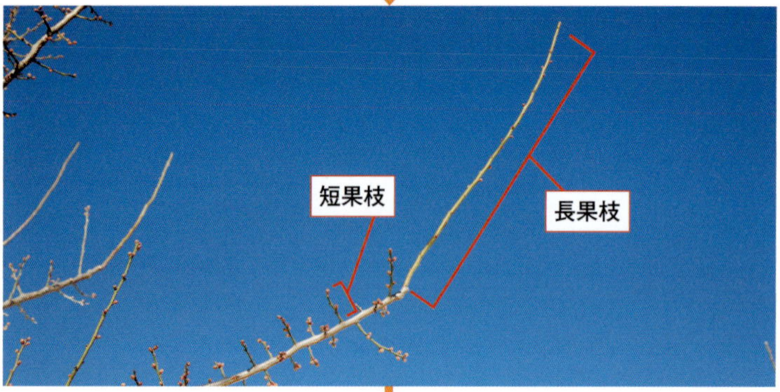

1月下旬

先端には長い枝（長果枝:30cm以上）が1本あり、15本程度の短い枝（短果枝:10cm以下）が続く理想的な枝の状態。剪定してこのようなバランスにすることが目標。枝の長さに関わらず、枝全体に花芽、葉芽がまんべんなくつく。

3月上旬

花芽が動きはじめて開花する。葉芽は花芽よりも遅れて動き出すので、開花時に枝葉はない。長果枝より短果枝のほうが早く開花する。長果枝は開花が遅いうえに、雌しべがないなど不完全な花が多いので、結実しにくい。

4月中旬

開花から1カ月ほど遅れて枝葉が発生する。短果枝の多くには鈴なりに果実がついているが、長果枝にはほとんどついていない。つまり剪定では短果枝を多く残すことが重要。また、翌年、短果枝が多く発生するように長果枝を切り返す必要がある（→P48）。

■剪定の手順

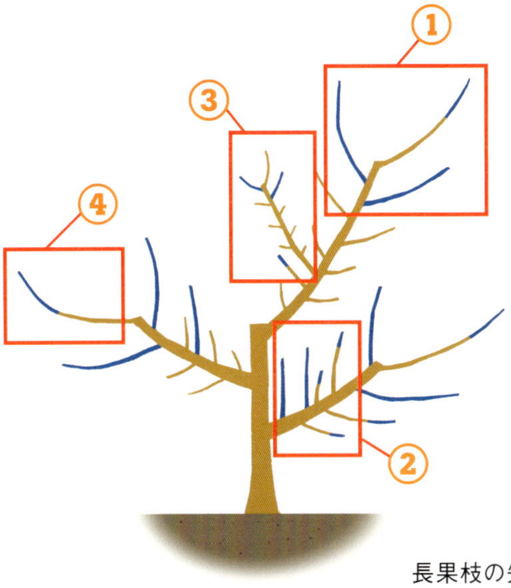

1. **先端の枝を 1 本に間引く**
   充実した枝を1本残して間引く。
2. **不要な枝をつけ根から間引く**
   真上に伸びる長い枝、混み合った枝など不要な枝を切る。
3. **新しい枝を準備する**
   古くなった枝の横に更新用の枝を準備する。
4. **長い枝の先端を 1/4 程度切り返す**
   短果枝をつけるため、長果枝を先端から1/4程度切り返す。

長果枝の先端から1/4程度切り返して、
短果枝を発生させる。

② 不要な枝をつけ根から間引く

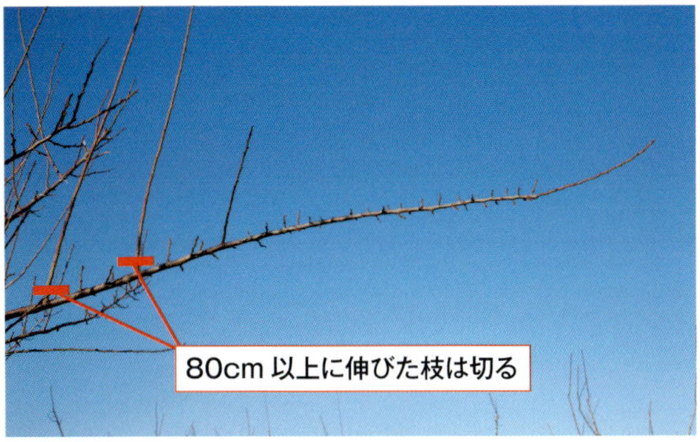

真上に伸びる長い枝を切る

真上に80cm以上伸びた枝は、短果枝がつきにくく、木の形を乱すので、つけ根から切る。

混み合った枝を間引く

30 ～ 70cm程度の長果枝は30cm程度の間隔になるように間引く。残した長果枝は、短果枝（10cm以下）がつくように④で枝先を切り返す。短果枝は果実がなりやすいので、なるべく残す。

① 先端の枝を 1 本に間引く

先端からは、2 ～ 4本の長い枝が発生する。これらをすべて残すと木の形が乱れ、管理しにくい木になるので、延長線上にまっすぐ伸びる枝1本のみを残し、残りはつけ根から間引く。④で先端を切り返す。

③新しい枝を準備する

枝を何年も使い続けると、つけ根付近の短い枝（短果枝）が枯れ、収穫量が減りはじめる。あらかじめ古い枝の近くにある長い枝（長果枝）を１～２本残し、更新用の枝として準備しておく（④で先端を切り返す）。１～２年後、更新用の枝に短果枝が多くついたら、古い枝を切って更新する。

④長い枝の先端を 1/4 程度切り返す

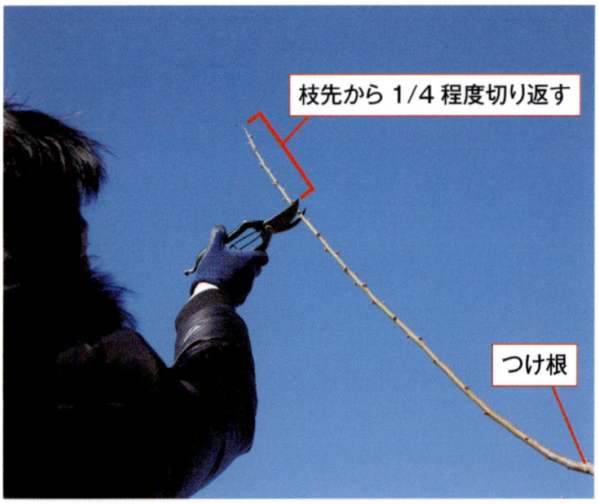

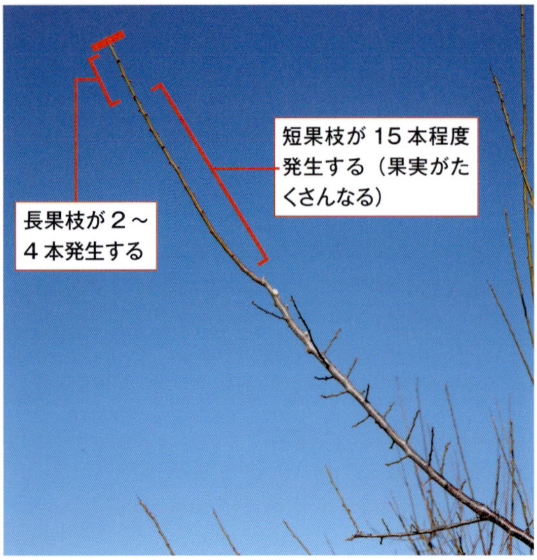

①～③で残した長果枝は先端から1/4程度切り返す。1/4より長く切り取ると長果枝ばかりが発生し、短いとつけ根付近に短果枝が発生しないので注意。慣れてきたら、切る枝の太さや角度によって切り取る長さを調節するとよい。

■剪定前後

剪定によって枝数が減り、風通しもよくなった。冬に枝を切ることで、枝が若返って充実する。

病害虫対策

病害虫名	発生時期	症状	防除法
黒星病《くろほしびょう》	4～9月	枝、果実に3mm程度の円形の黒い斑点が発生する。中央部は灰色に変化する。	見つけ次第、被害部位を取り除く。予防するには殺菌剤の散布が効果的。
かいよう病	4～9月	枝、葉、果実に赤褐色の斑点をつくる。黒星病と異なり、中央部には穴や裂け目がある。	見つけ次第、被害部位を取り除く。予防するには殺菌剤の散布が効果的。
アブラムシ類	4～7月	若い枝や葉が吸汁されて縮れる。排泄物によって枝葉や果実が黒く汚れる(すす病)。	若い枝や葉を観察し、見つけ次第、捕殺するか殺虫剤を散布する。
カイガラムシ類	5～11月	枝、果実が吸汁されて木が弱る。排泄物によって枝葉や果実が黒く汚れる(すす病)。	見つけ次第、捕殺する。12～2月に越冬個体を歯ブラシなどでこすり取るかマシン油乳剤を散布する。

カイガラムシ類

アブラムシ類

かいよう病

黒星病

開心自然形を目指して毎年剪定を行う。

鉢植え栽培

開花期の近い2品種を異なる鉢に植えつけて育てる。

DATA

■用土

「果樹・花木用の土」がおすすめ。入手できなければ、「野菜用の土」:鹿沼土(小粒)=7:3の割合で混ぜて使う。また、鉢底石を鉢底に3cmほど敷き詰める。

■植えつけ(鉢の目安：8～15号)

P10参照。棒苗より大苗のほうがおすすめ。

■置き場

春から秋は直射日光が長くあたる一方で、なるべく軒下などの雨があたらない場所に置く。冬は－15℃以上であればどこでもよい。

■水やり

ほかの果樹に比べて根は乾燥に強いが、あえて水やりを控える必要はなく、鉢土の表面が乾いたらたっぷりと水やりする。

■肥料

8号鉢(直径24cm)なら、油かすを11月に30g、化成肥料を4月に10g、6月に8g与える。

■管理作業

P42～49参照。

オリーブ

DATA

科属名	モクセイ科 オリーブ属
形態	常緑高木
樹高	2.5m程度 最大8m
耐寒気温	−12℃
土壌pH	6.5～7.0
花芽	純正花芽
隔年結果	しやすい

受粉樹

品種によっては必要

難易度

やさしい

肥料（庭植え）

枝葉が茂る範囲が直径1m未満の木なら油かすを3月に150g、化成肥料を6月に45g、11月に30g施す。

栽培カレンダー

	1月	2月	3月	4月	5月	6月	7月	8月	9月	10月	11月	12月
植えつけ		■	■									
枝の管理		剪定 ■	■									
花の管理					■	■ 開花・人工授粉						
果実の管理							摘果 ■	■				
収穫										■	■	
肥料			■			■					■	

庭木としても果樹としても楽しめる

銀色の葉が美しいオリーブは、海外ではイタリア、国内では小豆島が産地として有名です。生の果実が出回る機会はほとんどなく、家庭で育てることによって、ピクルスや塩漬けなどに加工して楽しむことができます。オイルをしぼるには果実に含まれるオイルの割合（含油率）が高い品種を選びましょう。ただし、含油率は5～30％程度で、ボトル1本のオイルを集めるには非常に多くの果実を収穫する必要があります。

苗木1本では実つきが悪く、受粉樹が必要です。「受粉樹が不要」とされる品種でもほかの品種と一緒に育てたほうが、実つきは格段によくなります。受粉樹があるのに実つきがよくない場合は、絵筆などを使って人工授粉しましょう。「受粉樹を植える」ことと「人工授粉」さえマスターすれば、庭木ではなく、果樹としてオリーブを育てることができます。果実がなりすぎても、摘果をすれば翌年も収穫を楽しめます。

品種

品種名	樹姿	受粉樹	収穫期		果実サイズ	含油率	特徴
			10月	11月			
マンザニロ	開張性	必要			中	低	スペイン原産。世界中で栽培されている定番品種。ピクルスや塩漬けに向いている。
ネバディロブランコ	開張性	必要			中	中	スペイン原産。花粉が多く、開花期がほかの品種と合いやすいので、受粉樹に向いている。
シプレッシーノ	直立性	必要			中	中	イタリア原産。直立性なので、横幅はとらないが、木が高くなりやすい。丸い果実がつく。
ルッカ	開張性	不要			小	高	イタリア原産。病気に強く、育てやすいが、隔年結果しやすいので注意する。
セビラノ	開張性	必要			大	低	スペイン原産。楕円形の大きな果実がつくので、ピクルスなどにすると食べ応えがある。
ミッション	直立性	必要			中	中	アメリカ原産。果実はハート型で果肉がかたく、塩漬けに向いている。隔年結果しやすいので注意する。

※開張性：枝が横に開いて伸びるタイプ　　直立性：枝が真上に伸びるタイプ

写真は開張性の‘マンザニロ’を開心自然形（→P11）に仕立てたようす。

植えつけと仕立て

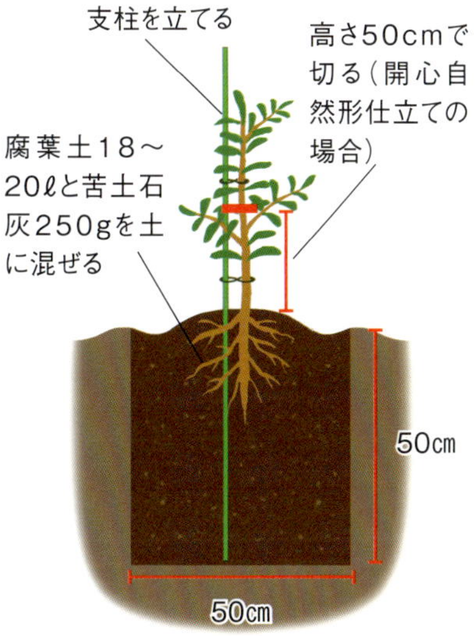

1年目（植えつけ）

時期

2月中旬～3月

ポイント

pH7.0程度の中性でカルシウムを多く含む土を好むので、掘り返した土に苦土石灰と腐葉土を混ぜ込む。品種の樹姿によって目指す木の形が異なる。近くに受粉樹を植える。

2年目以降（開心自然形仕立て）

開張性の品種は、低い位置から枝分かれさせて、出来るだけ横に開いた木の形にする。

2年目以降（変則主幹形仕立て）

直立性の品種は、木の高さを低くしたくなったら、木の先端を大きく切る。

作業と生育のサイクル

ポイント

- 開花期の近い異なる品種を近くに植える。
- 用途や好みに合わせて収穫時期を調整する。
- 枝分かれしやすいので、間引いて枝を減らす。
- 長い枝は枝先から1/3～1/2程度切り返す。

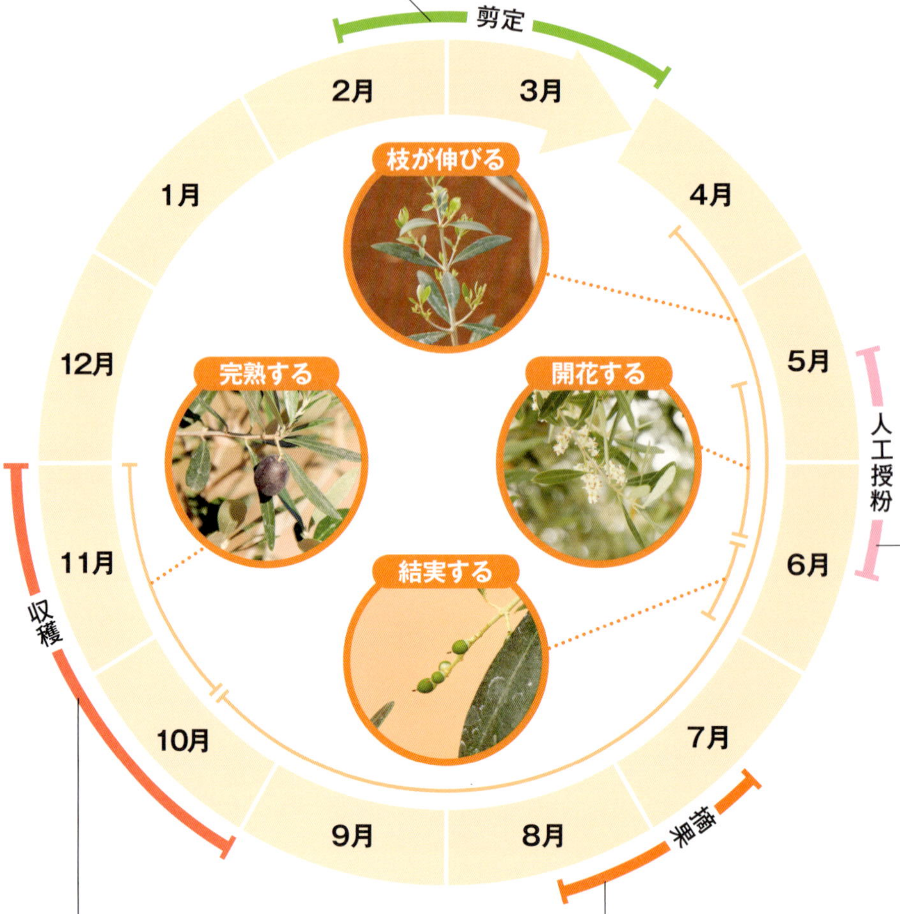

1 人工授粉（→P53）

実つきが悪い場合は、異なる品種の花に花粉をつける。

2 摘果（→P53）

翌年の収穫にも影響するので、果実がなりすぎたら間引く。

3 収穫（→P53）

利用する用途に応じて好みの時期に収穫する。

4 剪定（→P54）

枝を切ってコンパクトな木にする。

管理作業

1 人工授粉

5月中旬～6月中旬

1 花粉が軽く、風によって運ばれて受粉することが多いが、毎年のように実つきが悪い場合は人工授粉する。まずは、ひとつの品種の開花直後の花の花粉を乾いた絵筆などで触れて、コップに受けて集める。花粉は開花直後の花に多い。

2 集めた花粉を異なる品種の花の雌しべにつける。同時に花粉もコップに受け集める。終わったら、1で花粉を集めた品種の花にも集めた花粉をつける。

2 摘果

7月中旬～8月中旬

果実のなりすぎによって、翌年果実がほとんどならなくなることがあるが（隔年結果）、摘果すると防ぐことができる。

果実がなっている枝の葉の枚数を目安とし、1果あたり葉8枚程度になるように摘果する。写真の枝には葉が32枚程度あったので、摘果して4果にした。手で摘み取ってもよい。

3 収穫

10～11月

収穫時期は、利用する方法や好みによって異なる。果実をつまみ、下に引っ張ることで収穫できる。

用途や好みに合わせて収穫する

Aは緑色が濃く、収穫するにはまだ早い。B～Eは収穫可能。ピクルスや塩漬け用に、歯ごたえを楽しむならBに近い色の果実、香りや風味を楽しむならEに近い色の果実がおすすめ。オイル用ならEで収穫する。

4 剪定

2月中旬～3月

■枝の伸び方と果実がつく位置

2月下旬

純正花芽（→ P22）

花芽は枝の中間付近に広く点在する。花芽と葉芽の区別はつきにくい。

外見では花芽と葉芽を区別しにくいが、花芽は枝の中間付近に広く点在しているので、枝を1/3 ～ 1/2程度切り返しても、花芽はある程度は残る。

5月上旬

花芽から蕾（つぼみ）がたくさん発生している。純正花芽なので伸びた枝に葉はついていない。このあと開花する。

開花

6月中旬

結実しているようす。1カ所で1 ～ 3個程度の果実をつける。

下の写真は、3月に1/2程度切り返した枝の10月の状態。切り返しても果実がついているのが分かる。このように切り返しには強いので、積極的に切り返して枝を若く保つのがポイント。

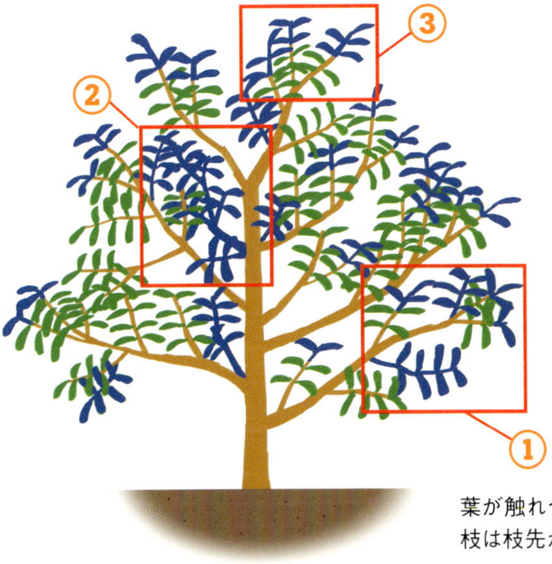

■剪定の手順

① **左右両方向に伸びる枝は片方を間引く**
対になって伸びる枝のうち、どちらか１本の枝を残して切る。

② **混み合う枝を間引く**
1カ所から複数出る枝や混み合った枝を切る。

③ **枝先を 1/3 ～ 1/2 程度切り返す**
充実した枝を伸ばすために20cm以上の枝を先端から1/3 ～ 1/2程度切り返す。

葉が触れ合わない程度に枝を減らし、長い枝は枝先から1/3 ～ 1/2程度切り返す。

---

① 左右両方向に伸びる枝は片方を間引く

1 葉が向かい合って２枚つき、葉芽も同じ場所に２個つく。このため、同じ場所から２本の枝が伸びることが多く、混み合う原因となる。

2 左右どちらか一方の枝を選び、つけ根から間引く。間引くことで風通しがよくなり、枝が充実する。

② 混み合う枝を間引く

1 ①以外に何本も枝分かれしている場合は、間引いて風通しをよくする。交差枝や平行枝などを優先的に間引く。

2

骨格となる枝(主枝・亜主枝)からの枝分かれが多いと、それぞれの枝が細く弱くなり、日あたりや風通しも悪くなるので間引く。

---

③ 枝先を 1/3 ～ 1/2 程度切り返す

20cm以上の枝は、枝先から1/3～1/2程度切り返す。切り返すことで充実した枝が伸び、木が若返る。花芽は枝の中間付近に広く点在しているので、切り返しても花芽がなくなる心配はない。

剪定前後

剪定後の写真のように、剪定によって切り取った枝葉の量が、全体の1～3割程度になるようにする。

病害虫対策

病害虫名	発生時期	症状	防除法
炭《たん》そ病《びょう》	7～11月	果実に褐色の斑点が発生し、徐々に拡大してくぼむ。	被害果は見つけ次第、取り除く。
白紋《しろもん》羽《ば》病《びょう》	6～10月	異常落葉して、木全体が枯死する。地際付近の根や幹には白い菌糸が見られる。	木が衰弱しはじめたら、根を掘り起こして白い菌糸の有無を確認し、殺菌剤で土壌を消毒する。
オリーブアナアキゾウムシ	4～11月	幼虫が木の内部を食害して、羽化する。	見つけ次第、捕殺する。とくに羽化が多い6～7月には注意する。
スズメガ類	5～10月	ツノをもつ大型の幼虫が葉を食害する。	見つけ次第、捕殺する。食害するスピードが速いので注意する。

'シプレッシーノ' の鉢植え。直立性なので横幅をとらない。

鉢植え栽培

最近はオリーブ人気に対応して、「オリーブ用の土」や「オリーブ専用肥料」も販売されているので利用するとよい。

DATA

■用土

「オリーブ用の土」がおすすめ。入手できなければ、「野菜用の土」:鹿沼土（小粒）＝7:3と苦土石灰を一握り（25～35g）を混ぜて使う。鉢底石を鉢底に3cmほど敷く。

■植えつけ（鉢の目安：8～15号）

P10参照。棒苗より大苗のほうがおすすめ。

■置き場

春から秋は軒下などの雨があたらない場所で、少しでも直射日光が長くあたる場所に置く。冬は、－12℃を下回らない場所に置く。

■水やり

根は意外と水を好むので、鉢土の表面が乾いたらたっぷりと水やりする。開花時には花に水がかからないように注意する。

■肥料

8号鉢（直径24cm）なら、油かすを3月に30g、化成肥料を6月に10g、11月に8g与える。

■管理作業

P53～57参照。

カキ

DATA

科属名	カキノキ科 カキノキ属
形態	落葉高木
樹高	3m程度 最大10m
耐寒気温	−13℃
土壌pH	6.0〜6.5
花芽	混合花芽
隔年結果	しやすい

受粉樹

品種によっては必要

難易度

ふつう

肥料（庭植え）

枝葉が茂る範囲が直径1m未満の木なら油かすを2月に150g、化成肥料を6月に45g、10月に30g施す。

栽培カレンダー

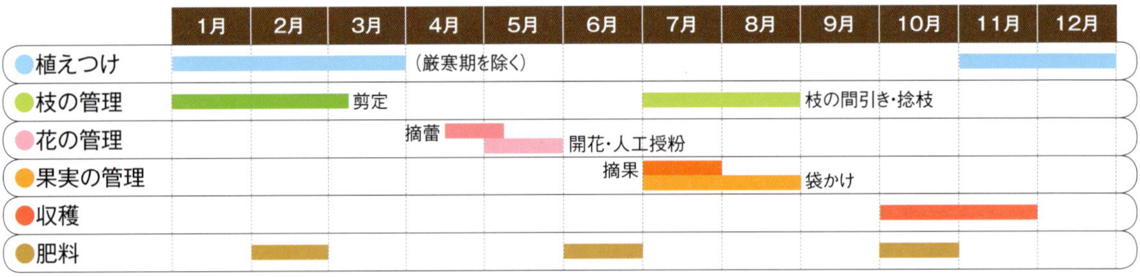

日本の秋を彩る代表的な家庭果樹

カキは古くから日本で栽培されている代表的な家庭果樹です。品種数は多く、1000を超えるといわれます。「甘ガキ」と「渋ガキ」に大別されますが、甘ガキでも色づく前は渋く、成熟するにつれて渋が抜けます。ただし、気温が低いと甘ガキでも渋は抜けにくいので、寒冷地では渋ガキの栽培がおすすめです。

果実がなる年とならない年を交互に繰り返す「隔年結果性《かくねんけっかせい》」が強く、果実がなりすぎると木が弱り、翌年の収穫量が激減します。これを防ぐために、7月に摘果して果実数を減らせば、翌年もたくさん収穫できます。枝の先端付近に花芽がつくため、剪定ではすべての枝先を切り返すと果実がならないので注意します。

果実にタネができなくても結実する品種と、雄花が多く咲く品種は受粉樹が不要です。果実にタネができないと結実しない品種、雄花がない（少ない）品種は、雄花が咲く品種を受粉樹として近くに植えましょう。

■品種

品種名	受粉樹	雄花の量	タネができなくても結実する性質	収穫期		果実重(g)	特徴
				10月	11月		
甘ガキ							
太《たい》秋《しゅう》	不要	多	低			380	大果で食味がよい新品種。人工授粉すると、さらに大果に。受粉樹にも向く。
次《じ》郎《ろう》	不要	無	高			280	実つきがよく甘味が強い品種。果実に十字の溝が入るのが特徴。
禅《ぜん》寺《じ》丸《まる》	不要	多	低			150	受粉樹の定番。ほかにも'正月'や'さえふじ'などの品種が受粉樹に向いている。
富《ふ》有《ゆう》	必要	極少	低			280	見た目も食味も抜群の品種。晩生だが、霜が降りる前には収穫する。
渋ガキ							
平核無《ひらたねなし》	不要	無	高			230	渋ガキの定番。タネが非常に入りにくく、渋も抜けやすいのでおすすめ。
富《ふ》士《じ》	必要	無	低			350	百目、蜂屋などの別名でよばれることが多い。大果で干し柿に向いている。

変則主幹形(→P11)に仕立てたカキ。枝は横に広がるようにする。

■植えつけと仕立て(変則主幹形仕立て)

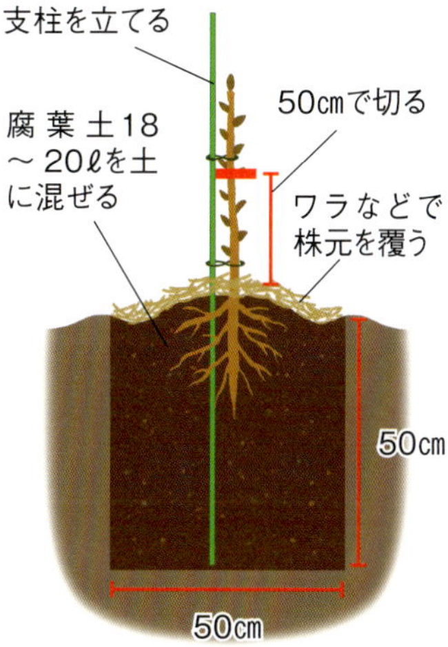

1年目(植えつけ)

時期

11～3月(厳寒期を除く)

ポイント

日あたりと水はけのよい場所を選び、少し浅めに植えてたっぷり水やりをする。乾燥防止のため株元をワラなどで覆う。根が乾燥に弱いので、ポットから抜いたらすぐに植えつける。

2～3年目

30cm以上の枝は、枝先から1/3程度切り返して、枝の伸びを促す。

4年目以降

木の先端を大きく切って、樹高を下げる。

■作業と生育のサイクル

ポイント

- 隔年結果しないように摘果する。
- 受粉樹が必要な品種は異なる品種を近くに植える。
- 根が乾燥に弱いので、夏に2週間雨が降らなければ庭植えでも水やりをする。

1 摘蕾《てきらい》(→P62)

蕾(つぼみ)を間引くことで養分ロスを防ぐ。

2 人工授粉(→P62)

毎年のように実つきが悪い場合に行う。

3 摘果(→P63)

翌年の収穫にも影響するので必ず行う。

4 袋かけ(→P63)

きれいな果実を収穫したい場合は果実袋をかける。

8 剪定(→P66)

花芽のつく位置に注意して枝を切る。

7 収穫(→P65)

果実を傷つけないように収穫する。

6 捻枝《ねんし》(→P64)

枝をねじって曲げ、利用しやすい枝にする。

5 枝の間引き (→P64)

間引いて日あたりや風通しをよくする。

管理作業

1 摘蕾《てきらい》

4月中旬～5月上旬

必須の作業ではないが、開花前の雌花の蕾（つぼみ）を間引くことで養分ロスを減らし、品質のよい大きな果実を収穫することができる。また、隔年結果の防止にもつながる。通常、蕾は1枝に0～5個程度つくが、雌花の蕾は1枝に1個残して、残りはすべて手で摘み取る。雄花は間引かない。

2 人工授粉

5月

雌花 1カ所1花で、萼が花びらを覆うほど大きい。

雄花 小さく釣鐘型の花が1カ所に2～3個つく。萼（がく）も小さい。

方法① 爪に花粉を落とす

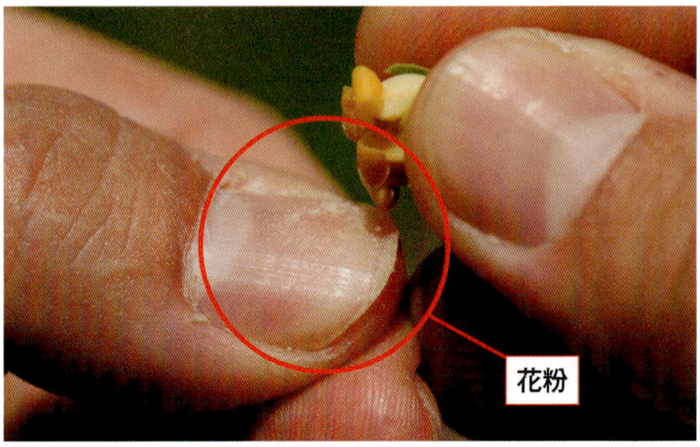

1 多くの品種は人工授粉をしなくても果実がなるが、実つきの悪い品種やタネが入らないと渋が抜けない甘ガキは、人の手で雄花の花粉を雌花の雌しべにつけてやるとよい。
雄花を摘み、花を軽くもんで花粉を爪の上に落とす。

↓

2 爪に落とした花粉を、受粉させたい木の雌花の雌しべにこすりつける。

方法② 雄花を直接こすりつける

1 雄花を摘み取り、花びらを取って雄しべをむき出しにする。

↓

2 雄しべを雌花の雌しべにこすりつける。

3 摘果

7月

1

摘果することで、果実のなりすぎを防ぎ、隔年結果の防止につながる。また、品質のよい大きな果実を収穫することができる。摘果はもったいないと思われがちだが、摘果しないほうがもっともったいない。

まず1枝に1果になるように、傷がある、小さい、不均一な果実を優先的に間引く。上向きの果実は、日焼けしやすいので同じく間引く。

2 1枝1果ではまだ果実がつきすぎなので、さらに間引く。目安は葉の枚数で、葉25枚あたり1果になるように間引く。木が大きい場合は、すべての葉を数えるのは不可能なので、あくまで目安と考える。左の写真くらいの割合まで間引けば、甘くて大きな果実を収穫できる。加えて、来年の収穫量が減ることもないので、摘果は必ず行いたい。

4 袋かけ レベルアップ

7～8月

病害虫や風などによる傷や汚れが気になる場合は、摘果後の7月から8月にかけて市販の果実袋をかける。水や害虫などが入らないように、付属の針金でしっかり固定する。果梗（果実のついた軸）が短い果実が多いので枝ごと針金を巻くとよい。

レベルアップ

5 枝の間引き

7～8月

枝を間引くことで、日あたりや風通しがよくなる。その結果、病害虫の発生がおさえられ、果実の色づきや翌年の花つきもよくなる。果実がついていない枝のうち、混み合って葉が触れ合っている枝をつけ根から間引く。

---

6 捻枝《ねんし》

レベルアップ

7～8月

1 真上に向かって伸びる枝は太く長くなりやすく、その結果、翌年の花がつきにくい。一方、真上に向かって伸びそうな枝でも、太く長く伸びる前に枝をねじって枝を横向きに曲げることで、翌年果実がなるような枝に成長する。この作業を「捻枝」という。

2 真上に向かって伸びる枝のつけ根を片手でしっかり固定し、もう片方の手でねじって枝の一部をやわらかくして、角度を横向きにする。水平に曲げると枝が折れるので、ねじって（回転させて）曲げるのがポイント。

3

捻枝後の枝。手を離しても角度は横向きのままなので、不要な伸びがおさえられ、花芽がつく枝に成長する可能性が高い。失敗した場合は枝のつけ根から切り取る。

7 収穫

10～11月

橙色に色づいた果実をハサミで切って収穫する。軸が長く残っていると、収穫後にほかの果実を傷つける可能性があるので、ハサミで軸を切り直す（2度切り）。'富有'など収穫の遅い品種は、霜が降りる前に収穫しないと果実が傷むので注意。

高枝切りバサミが便利

高い場所になっている果実は、高枝切りバサミの利用が便利。果実がなっている枝ごと切り取って収穫する。なお、今年果実がなった枝には、翌年果実がつきにくいので、枝ごと切っても支障はない。渋ガキを干し柿にする場合も枝ごと収穫すると吊しやすい。

渋抜き

渋ガキは収穫後に渋を抜く必要がある。渋抜きにはさまざまな方法があるが、もっとも身近で簡単なふたつの方法を紹介する。また、渋が十分に抜けていない甘ガキも、同じように渋抜きすることができる。

■アルコール脱渋

焼酎などのアルコール類にヘタを一瞬浸し、ポリ袋に入れて空気を抜いて密閉する。冷暗所に1～2週間放置すれば渋が抜ける。

■干し柿

ひもで吊すために枝を少し残して収穫するとよい。果皮をむき、残した枝にひもを結ぶ。ひもの反対側にもカキを結び、天秤のように物干し竿にかけて、風通しがよく雨があたらない軒下などに1～2カ月放置すれば渋が抜ける。

8 剪定

1～3月上旬

■枝の伸び方と果実がつく位置

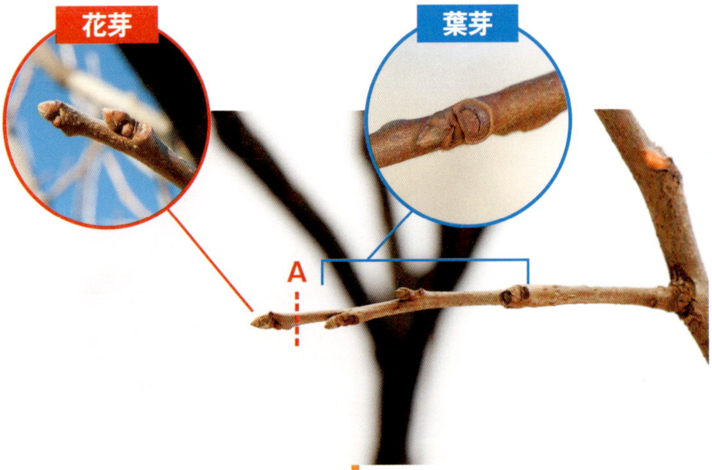

2月上旬

混合花芽（→P22）

枝の先端1～3芽に花芽がつく。花芽は葉芽より大きい傾向にあるが、区別しにくい。

写真の枝では先端のみが花芽で、冬の剪定時にAで切り返すと花芽を切り取ることになり、翌秋に収穫できない。

4月中旬

通常は先端の3～7芽程度が萌芽する。写真の枝は先の3芽から枝が伸び、先端の花芽から伸びた枝のみ、蕾（つぼみ）がついているのが確認できる。

5月中旬

花芽から出た枝の葉のつけ根に花が咲き、葉芽から伸びた枝には花が咲かない。通常、摘蕾していなければ、1枝あたり0～5花程度つく。写真の枝では先端の枝だけに花がひとつ咲いている。

9月下旬

収穫間近のようす。果実の肥大が止まって、色づきはじめる。2月上旬にAで切り返していたら、果実は収穫できなかったことがわかる。このように、カキの剪定ですべての枝先を切り返すと、花芽をすべて切り取ることになる。骨格となる枝（主枝・亜主枝）の先端の枝や長い枝だけを選んで、枝先を切り返すとよい。なお、今年果実がなった枝には、翌年は果実がならない可能性が高いので、ヘタなどのなったあとが確認できれば、枝先を1/3程度切り返す。

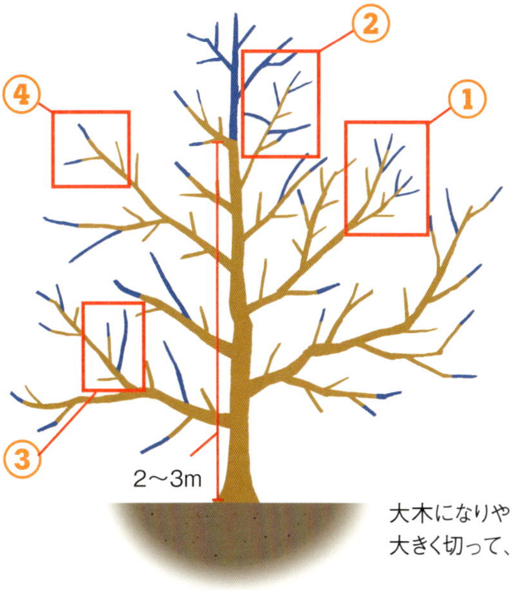

剪定の手順

① **先端の枝を1本に間引く**
充実した枝1本を残して間引く。

② **不要な枝をつけ根から間引く**
混み合った枝、平行枝などの不要な枝を切る。

③ **古くなった枝は新しい枝に切り替える**
古い枝を切り、近くから出る新しい枝に切り替える。

④ **長い枝の先端を1/3程度切り返す**
骨格となる枝、長い枝の枝先を1/3程度切り返す。

大木になりやすいので、4年目以降に木の先端を大きく切って、樹高を下げるとよい。

② 不要な枝をつけ根から間引く

混み合った枝、平行枝、枯れた枝などを優先的に間引いて、全体の枝の数が1/2～2/3になるように減らす。

① 先端の枝を1本に間引く

剪定は、木の骨格となる太い枝（主枝・亜主枝）の先端から行う。先端には通常2～4本の長く太い枝が発生する。これらをすべて残すと木の形が乱れ、管理しにくい木になるので、延長線上にまっすぐ伸びる枝1本のみを残し、残りはつけ根から間引く。

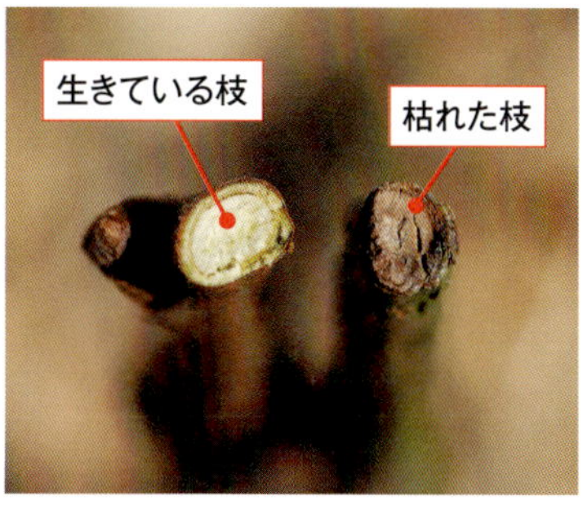

枯れた枝

枯れた枝はつけ根から切り取る。枯れているか外見で判断できない場合は、軽く切り詰めて切り口の色で判断するとよい。

③ 古くなった枝は新しい枝に切り替える

何年間も果実をならせている古い枝は、つけ根付近から新しい枝が発生しなくなり、先端付近にしか果実がならなくなる。このため、古くなった枝はつけ根で切り取り、近くから発生する新しい枝に切り替える。新しい枝が垂直に伸びているなら、ひもを使って利用しやすい角度に誘引する。

④ 長い枝の先端を1/3程度切り返す

枝の途中で切り返すことによって、翌年充実した枝が発生する。しかし、P66「枝の伸び方と果実がつく位置」からわかるように、切り返した枝（から発生した枝）には翌年果実がつかないので、すべての枝を切り返さない。①〜③で間引いて残した枝のうち、骨格となる枝（主枝・亜主枝）の先端や長い枝、今年果実がなった枝のみを先端から1/3程度切り返す。

主枝・亜主枝の先端

主枝・亜主枝の先端は、枝を充実させて伸ばしたいので、翌年果実をならせないように先端から1/3程度切り返す。枝を切るときは外芽の上5mmくらいで切る。

30cm以上伸びた長い枝

30cm以上の枝は、枝を伸ばすことに養分の大半を使い、来年は果実がならないので先端から1/3程度切り返す。50cm以上の枝はつけ根で切る。

今年果実がなった枝

養分の大半を果実に使ったため、来年は果実がならない。枝先を切り返して枝の伸びを促す。

■病害虫対策

病害虫名	発生時期	症状	防除法
炭《たん》そ病《びょう》	6～9月	枝、葉、果実が黒くくぼむ。ひどい場合は落果するので注意。	見つけ次第、被害部位を取り除く。予防するには殺菌剤の散布が効果的。
葉《は》枯《がれ》病《びょう》	6～9月	葉に赤褐色の斑点をつくる。その周囲は黒色の輪で覆われる。ひどい場合は落葉する。	見つけ次第、被害部位を取り除く。弱った木に発生しやすいので、枝を間引いて木を健全に保つ。
カキノヘタムシガ	6～9月	芽、枝、果実に虫糞が見られる。果実内部に侵入されるとヘタを残して落果するので注意。	幼虫を見つけ次第、捕殺する。12～2月に主幹や主枝の樹皮を削って越冬幼虫を捕殺する。
カイガラムシ類	5～11月	枝、果実が吸汁されて木が弱る。排泄物によって枝葉や果実が黒く汚れる（すす病）。	見つけ次第、捕殺する。12～2月に越冬個体を歯ブラシなどでこすり取る。

カイガラムシ類

カキノヘタムシガ

葉枯病

庭植えの場合は、受粉樹だけ鉢植えにしてもよい。

鉢植え栽培

庭植えだと大木になりやすいカキも、鉢植えだとコンパクトに育てられる。

DATA

■用土
「果樹・花木用の土」がおすすめ。入手できなければ、「野菜用の土」:鹿沼土（小粒）＝7:3の割合で混ぜて使う。また鉢底石を鉢底に3cmほど敷き詰める。

■植えつけ（鉢の目安：8～15号）
P10参照。棒苗より大苗のほうがおすすめ。

■置き場
春から秋は直射日光が多くあたる一方で、軒下などの雨があたらない場所に置く。冬は－13℃以上であればどこでもよい。

■水やり
根が乾燥に弱いので、水やりは重要。鉢土の表面が乾いたらたっぷりと与える。夏に水切れすると、果実が落ちることがあるのでとくに注意する。

■肥料
8号鉢（直径24cm）なら、油かすを2月に30g、化成肥料を6月に10g、10月に8g与える。

■管理作業
P62～69参照。

柑橘類《かんきつるい》

DATA

科属名	ミカン科 カンキツ属、キンカン属、カラタチ属
形態	常緑高木
樹高	2.5m程度 最大10m
耐寒気温	−3～−7℃ （種類による）
土壌pH	5.5～6.0
花芽	混合花芽
隔年結果	しやすい

受粉樹

不要

難易度

ふつう

肥料（庭植え）

枝葉が茂る範囲が直径1m未満の木なら油かすを2月に300g、化成肥料を6月、11月に45gずつ施す。

栽培カレンダー

	1月	2月	3月	4月	5月	6月	7月	8月	9月	10月	11月	12月
植えつけ			■									
枝の管理	防寒対策	防寒対策	剪定									防寒対策
	トゲ取り（周年）											
花の管理					■	開花・人工授粉						
果実の管理								■	摘果・袋かけ			
収穫										収穫（レモン）	■	■
肥料		■				■					■	

寒さとなりすぎに注意する

柑橘類とは、ミカン科のうち、カンキツ、キンカン、カラタチの3属を指し、数え切れないほどの種類・品種があります。収穫期や大きさ、色形、味がさまざまで、生で食べたり、料理に利用したりします。最近人気があるのは、タンゴール類という、皮のむきやすさと、オレンジ類のような香りを兼ね備えた種類です。‘不知火《しらぬい》’（商品名：デコポン）が代表的ですが、‘はるみ’や‘せとか’などの新しい品種も出回っています。

苗木1本で育てても実つきがよく、初心者でも気軽に育てることができますが、注意すべきポイントもあります。全般的に寒さに弱く、もっとも耐寒性が強いユズでも、マイナス7℃を下回ると枝葉が枯れはじめます。寒冷地では鉢植えで育て、冬は屋内に取り込みましょう。また、果実がなりすぎると翌年の収穫量が激減するので、夏の摘果が重要な作業となります。収穫以外の管理作業はすべての柑橘類でほぼ同じです。

■品種

種類	品種名	耐寒気温（℃）	収穫期										果実重（g）
			8月	9月	10月	11月	12月	1月	2月	3月	4月	5月	
ユズ類	すだち	－6	■	■									20
温州《うんしゅう》ミカン	宮川《みやがわ》早生《わせ》	－5			■	■							130
レモン	リスボン	－3				■	■						130
キンカン類	ぷちまる	－5					■	■	■	■			12
ブンタン類	土佐ブンタン	－3								■	■		400
雑柑類《ざっかんるい》	紅甘夏《べにあまなつ》	－3									■	■	350

■植えつけと仕立て
（開心自然形仕立て）

開心自然形（→P11）に仕立てたレモン。

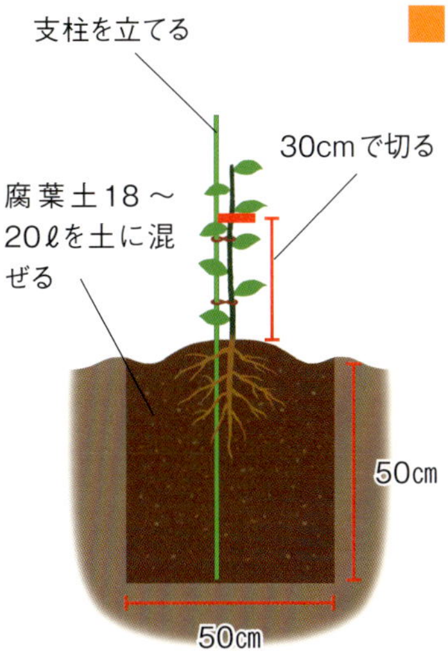

1年目（植えつけ）

時期

2月下旬～3月

ポイント

植え傷みを避けるため、寒冷地では無理をしないで3月下旬頃に植えつける。つぎ木部より上に土がかかると、ついだ部分から根が出て実つきが悪くなるので注意する。

2年目

骨格となる3本の枝（主枝）を残して、ほかはつけ根から切り取る。残った枝は1/3～1/2程度切り返す。

3～4年目以降

骨格となる3本の主枝をなるべく横に均等に開いて、木が高くなるのをおさえる。

■作業と生育のサイクル

※収穫期以外はほとんどの柑橘類でほぼ同じ

ポイント

- ●耐寒性や収穫期など、環境に合った種類・品種を選ぶ。
- ●寒冷地では鉢植えで育てて冬の置き場を工夫する。
- ●隔年結果しやすいので必ず摘果する。
- ●剪定して枝を1～3割減らす。

1 トゲ取り（→P74）

枝葉や果実に傷をつけないために、トゲは見つけ次第取り除く。

2 人工授粉（→P74）

実つきが悪い場合に行う。

3 摘果（→P75）

翌年の収穫にも影響するので必ず行う。

7 剪定（→P77）

大木にならないように枝を切り取る。

6 防寒対策（→P76）

寒さに弱いので、防寒対策をする。

5 収穫（→P76）

完熟果を順次収穫する。収穫期は種類や品種によって異なる。

4 袋かけ
（→P75）

病害虫から果実を守ることができる。

1 トゲ取り

周年

種類によっては葉のつけ根にトゲがある。人間が痛い思いをするのに加え、枝葉や果実を傷つけるので、見つけ次第すべて切り取るとよい。トゲを切り取っても生育には影響ない。

2 人工授粉

5月

毎年のように実つきが悪い場合は、乾いた絵筆などで、同じ花の中の雄しべと雌しべを交互に触れる。受粉樹は不要。温州ミカンなどのタネなし品種は人工授粉が不要。

ミツバチなどの昆虫や風によって受粉するが、天候や植えつけ場所などの影響で受粉できない場合もある。

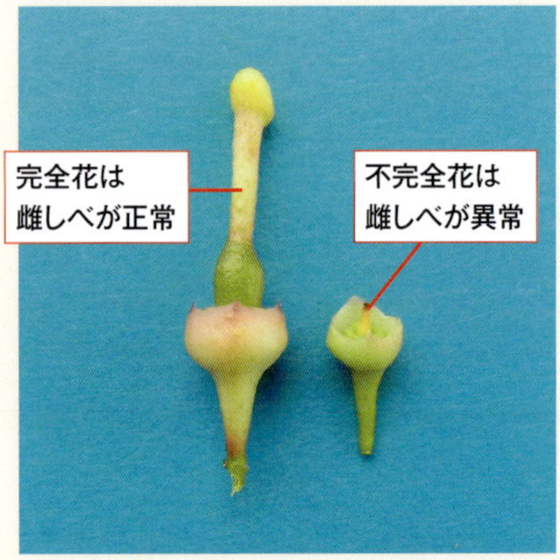

写真左は完全花の雌しべ、写真右は不完全花の雌しべ。不完全花は幼木で多い。成木で多いようなら、寒さで木が傷んでいるか、肥料のやりすぎ、枝の切りすぎの可能性がある。

完全花と不完全花

正常な花(完全花)には花びらの内側に多数の雄しべがあり、中心には正常な雌しべがある。しかし、栄養状態や寒さなどが原因で雌しべに異常がある花(不完全花)もある。不完全花は結実しないので人工授粉をする必要はない。

3 摘果

8月

柑橘類は果実がなりすぎると、翌年の収穫量が大きく減少する傾向にある（隔年結果）。8月頃に果実を間引くことで、毎年安定した量を収穫することができる。果実と葉の枚数の割合（左の表）を目安に果実を間引く。例えばレモンであれば25枚なので、葉が250枚ある木なら、傷がなく大きな果実10個を残して、ほかはすべて間引く。木についた葉をすべて数えるのは大変なので、あくまで目安とする。

果実を間引くときの葉の目安

果実の大きさ	例	1果あたりの葉の枚数の目安
キンカンサイズ	キンカン	8枚
ミカンサイズ	温州《うんしゅう》ミカン、レモン	25枚
オレンジサイズ	日《ひゅう》向《が》夏《なつ》、ハッサク、清《きよ》見《み》、不知火《しらぬい》	80枚
ブンタンサイズ	ブンタン、夏ミカン、甘夏《あまなつ》	100枚

4 袋かけ レベルアップ

8月

必須の作業ではないが、果実袋をかぶせることによって病害虫などの傷から果実を守ることができる。
市販の果実袋をかける。柑橘用は販売されていないので、リンゴ用やナシ用などの大きさが合うものを流用する。付属の針金でしっかりと固定する。

袋かけの効果

果実袋をかけた果実（写真左）とかけなかった果実（写真右）。袋をかけなかったほうは傷がついている。

5 収穫

適期：種類、品種によって異なる

色づいた果実を収穫する。夏ミカンや甘夏、ブンタンなどは12月頃には完全に色づくが、その頃はまだ酸味が強いので、春まで収穫を待ったほうがよい。
果梗（果実のついた軸）を切り残すとほかの果実を傷つけるので、２度切りして切り口を短く、なめらかにする。

---

6 防寒対策

11月下旬～２月中旬

寒害

寒さにあたった枝葉は生気を失い、パリパリになる（写真右）。果実は果肉がスカスカになり（ス上がり）、ひどい場合は果皮表面が白く変色する（写真左）。防寒対策をしても枝葉や果実が傷むようなら、鉢植えで育てたほうがよい。

鉢植えでの防寒対策

鉢植えは屋内などに取り込むのが基本。取り込めない場合は、地上部の寒冷紗に加え、鉢を2重にして根も保護する。鉢と鉢のすき間には土を入れる。

植えつけてから３年程度までの幼木はとくに寒さに弱いので、冬に防寒対策をしたほうがよい。
11月下旬頃に、1m前後の幅の寒冷紗（かんれいしゃ）を地上部に巻きつけてひもで固定し、株元をワラなどで覆って越冬させる。寒さが緩んだ頃に寒冷紗を外し、再び日光にあてて木を回復させる。

7 剪定

2月下旬～3月

■枝の伸び方と果実がつく位置（レモン）

2月下旬

混合花芽 （→P22）

ほとんどの柑橘類は、花芽がおもに枝の先端につく。花芽と葉芽の区別はつかない。

花芽は枝の先端につくので、20cm未満の枝は切り返さず、30cm以上の長い枝だけ1/3程度切り返す。例外として、春に伸びた枝（春枝）に夏・秋に伸びる枝（夏枝・秋枝）が出なかったら、枝の全域に花芽がつくこともある。写真は春枝の全体に花芽がついている（現時点では花芽の区別ができない）。

5月上旬

それぞれの芽から枝が伸び、蕾（つぼみ）がついているようす。Aは枝葉が伸びて、その先端に蕾がついている（有葉花/ゆうようか）。Bの枝には葉がついていない（直花/じきばな）。直花は、枝のつけ根近くの芽からも発生するが、結実しないことが多い。有葉花は結実しやすい。

6月上旬

結実直後。このあと、多くの直花は落ちてしまい、有葉花から実ったものが育つ。

9月下旬

枝の先端付近から発生したふたつの有葉花（果）のみが残った。このあと順調に育てば11月下旬には収穫することができる。

■剪定の手順

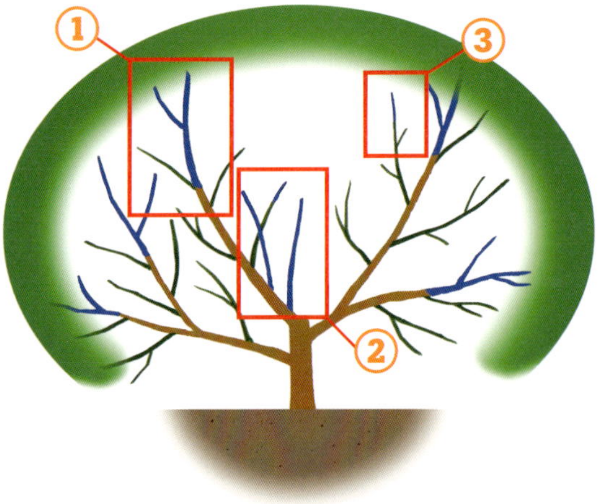

葉が触れ合わない程度に枝を減らし、全体の１ ～ ３割の枝を切り取るとよい。

① 木の広がりをおさえる
大木にならないよう、切り詰めて高さと広がりをおさえる。

② 不要な枝をつけ根から間引く
混み合った枝や枯れ枝などの不要枝を間引く。

③ 長い枝の先端を1/3程度切り返す
30 ～ 40cmの枝は充実した枝を伸ばすために先端から1/3ほど切り返す。

---

① 木の広がりをおさえる

柑橘類は大木になりやすいので、幼木のうちから上や横への広がりをおさえる。広がりをおさえるには、枝分かれしているところまで切り詰める。枝の途中ではなく、つけ根で切るのがポイント。写真では１本の枝を切っているが、５本程度の枝を一度に切り詰めてもよい。

枝分かれしている部分で切る

木の広がりをおさえるため、Aのように枝分かれしている部分でばっさりと切る。切り残しがあるとそこから枯れ込むので注意する。

混み合った枝を切る

枝が混み合っている場合は、葉が軽く触れ合わない程度まで間引く。

多く枝分かれした場所を切る

1カ所から何本も枝分かれすると混み合い、1本1本の枝が細くなる。1カ所2本程度に間引く。

柑橘類

② 不要な枝をつけ根から間引く

枯れ枝を切る

黒点病などの病原菌は枯れ枝で越冬するため、枯れ枝を見つけたらすぐにつけ根から切り取る。

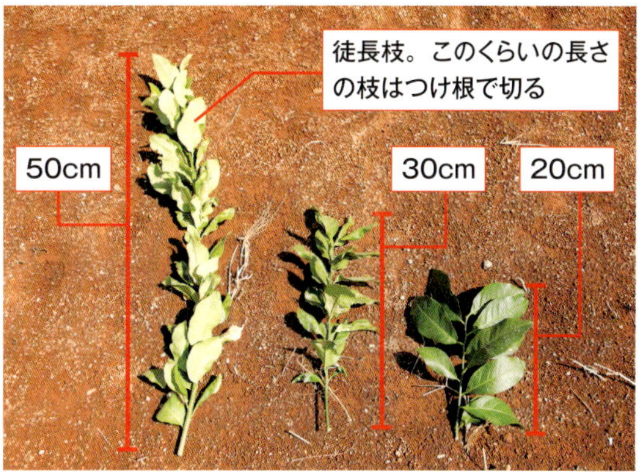

徒長枝を切る

50cm以上の長さの徒長枝には果実はつかず、木の形を乱す原因にもなるので、つけ根で切る。

③ 長い枝の先端を 1/3 程度切り返す

30 ～ 40cm の枝は、枝先から1/3程度切り返して充実した枝の発生を促す。20cm 以下の枝は、果実をならせるために切り返さない。50cm 以上の枝はつけ根から間引く。

■剪定前後

剪定では、1 ～ 3割の枝を切り取るのが目安。日あたりや風通しがよくなり、健全に育つ。

■病害虫対策

病害虫名	発生時期	症状	防除法
かいよう病	4～9月	葉や果実にコルク状の斑点ができる。病原細菌は傷口から侵入する。	発生初期に被害部を取り除く。侵入源となる傷をつけないように、トゲをこまめに切り取る。
黒点病《こくてんびょう》	6～9月	葉や果実の表面に黒い小さな斑点ができ、ざらざらになる。	発生源となる枯れ枝や落ち葉を取り除くと効果的。
ミカンハモグリガ	6～9月	幼虫が若い葉の内部にもぐり、白い筋を残しながら食害する。	萌芽直後の若い葉を観察し、見つけ次第、葉ごと処分する。幼虫がいる時期に取らないと無意味。
アゲハ類	4～10月	幼虫が若い葉を食害し、葉脈を残して食べ尽くす。	見つけ次第、捕殺する。

アゲハチョウの幼虫

ミカンハモグリガ

黒点病

かいよう病

鉢植えであれば冬場の温度管理もしやすい。写真はレモン。

鉢植え栽培

冬は屋内に取り込むと寒さで枯れる心配がないのでおすすめ。鉢植えに向いており、コンパクトに育てられるので最近人気がある。

DATA

■用土

「果樹・花木用の土」がおすすめ。入手できなければ、「野菜用の土」:鹿沼土(小粒)＝7:3の割合で混ぜて使う。また、鉢底石を鉢底に3cmほど敷き詰める。

■植えつけ方法(鉢の目安:8～15号)

P10参照。棒苗より大苗のほうがおすすめ。

■置き場

春から秋は直射日光が長くあたる場所がよい。病気に弱いので、軒下などの雨があたらない場所に置くとよい。冬は日あたりのよい屋内に入れる。

■水やり

鉢土の表面が乾いたらたっぷりと水やりする。

■肥料

8号鉢(直径24cm)なら、油かすを2月に60g、化成肥料を6月、11月に10gずつ与える。

■管理作業

P74～81参照。

キウイフルーツ

DATA

科属名	マタタビ科 マタタビ属
形態	落葉つる性
樹高	2～3m程度 (棚の高さに)
耐寒気温	−7℃
土壌pH	6.0～6.5
花芽	混合花芽
隔年結果	しにくい

受粉樹

雄木と雌木が必要

難易度

ふつう

肥料（庭植え）

枝葉が茂る範囲が直径1m未満の木なら油かすを2月に130g、化成肥料を6月、10月にそれぞれ30gずつ施す。

栽培カレンダー

	1月	2月	3月	4月	5月	6月	7月	8月	9月	10月	11月	12月
植えつけ	■	■	■	(厳寒期を除く)							■	■
枝の管理	■	■	剪定	■	■ 摘心	■	■	■	誘引 ■	枝の間引き	剪定	■
花の管理				摘蕾 ■	■	開花・人工授粉						
果実の管理					摘果	■						
収穫										■	■	
肥料		■				■				■		

病害虫に強くたくさん収穫できる

ほどよい酸味と甘味のバランスがさわやかなキウイフルーツ。日本で栽培されるようになってまだ半世紀程度の新しい果樹です。病害虫に強く、多少の被害に目をつぶれば、無農薬でも育てることができます。

つる性の枝がおう盛に伸びるので、庭に植えるなら2～4畳程度の広さの棚に枝をはわせて育てましょう。庭の片隅や駐車場の上など、工夫次第でいろいろな場所で活用できます。棚の下の木陰は夏の盛りの休憩所としても最適です。

雌雄で木が異なり、雌木には雌花が、雄木には雄花が咲くので、それぞれ1本ずつ植える必要があります。ただし、せっかく雌木と雄木をセットで植えても、開花期が合わないと意味がありません。雌木品種の果肉の色に応じて、雄木品種を選ぶのがポイントです（→P83）。加えて、人工授粉さえ確実に行えば、驚くほど多くの果実を収穫することができます。

■品種

品種名	開花期		収穫期		果肉色	果実重（g）	特徴
	5月	6月	10月	11月			
雌木品種							
紅妃《こうひ》					（中心が）赤色	90	果肉の中心が赤い品種。小ぶりながら甘みが強い。
魁蜜《かいみつ》					黄色	150	アップルキウイ、センセーションアップルともよばれるとおり、リンゴのような果形をした大果品種。
香緑《こうりょく》					緑色	130	果実は俵形で果肉が濃い緑色をした品種。濃厚な甘さで人気がある。
雄木品種							
早雄《そうゆう》			収穫不可		－	－	果肉が赤色の品種と開花期が近いため、それらの受粉樹として利用する。
孫悟空《そんごくう》			収穫不可		－	－	果肉が黄色の品種と開花期が近いため、それらの受粉樹として利用する。'ロッキー'でも可。
トムリ			収穫不可		－	－	果肉が緑色の品種と開花期が近いため、それらの受粉樹として利用する。'マツア'でも可。

一文字仕立て（→P11）で育てているキウイフルーツ。

■植えつけと仕立て
（オールバック仕立て）

1年目（植えつけ）

時期

11月～3月
（厳寒期を除く）

ポイント

まず、市販の棚を用意し、棚の2本の支柱に沿ってそれぞれ雌木と雄木を植えつける。枝が充実しているところで切り返して、枝の伸びを促す。一文字仕立ては、P143を参照。

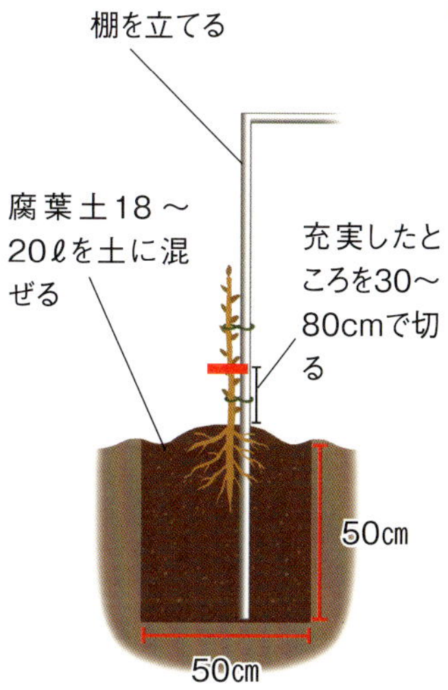

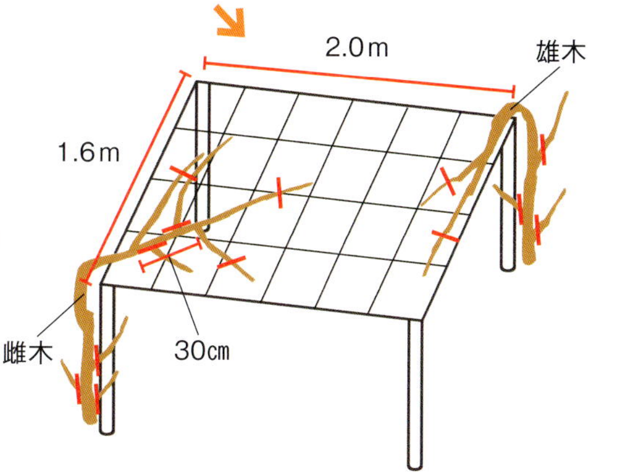

2～3年目

2年目は、一番充実した1本の枝を残して棚の上まで誘引する。3年目は棚の上に伸びた枝を約30cm間隔で残す。

【上から見た図】

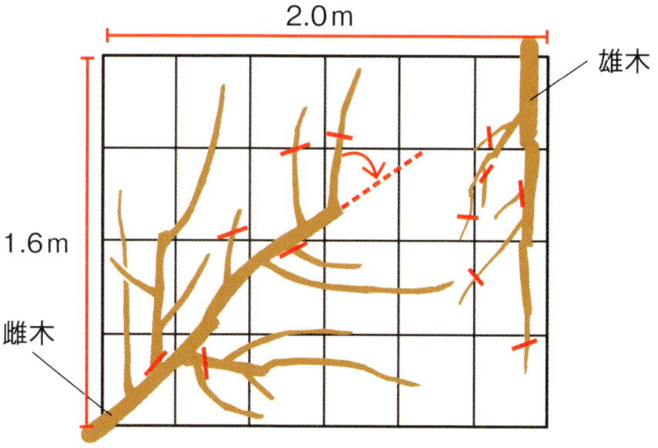

4年目以降

2畳（3.3㎡）程度の広さの棚なら、雌木は剪定して6～8本程度の枝を残す（1㎡あたり2本程度）。雄木は雌木を邪魔しないように、棚の隅に少しだけ枝を残す。

ポイント

- 開花期が近い雌木品種と雄木品種をセットで植え、人工授粉する。
- 枝が伸び次第、棚に誘引する。
- 摘果しないと果実がなりすぎて小さな果実しか収穫できない。
- 剪定では、つけ根付近の枝に更新する。

■作業と生育のサイクル

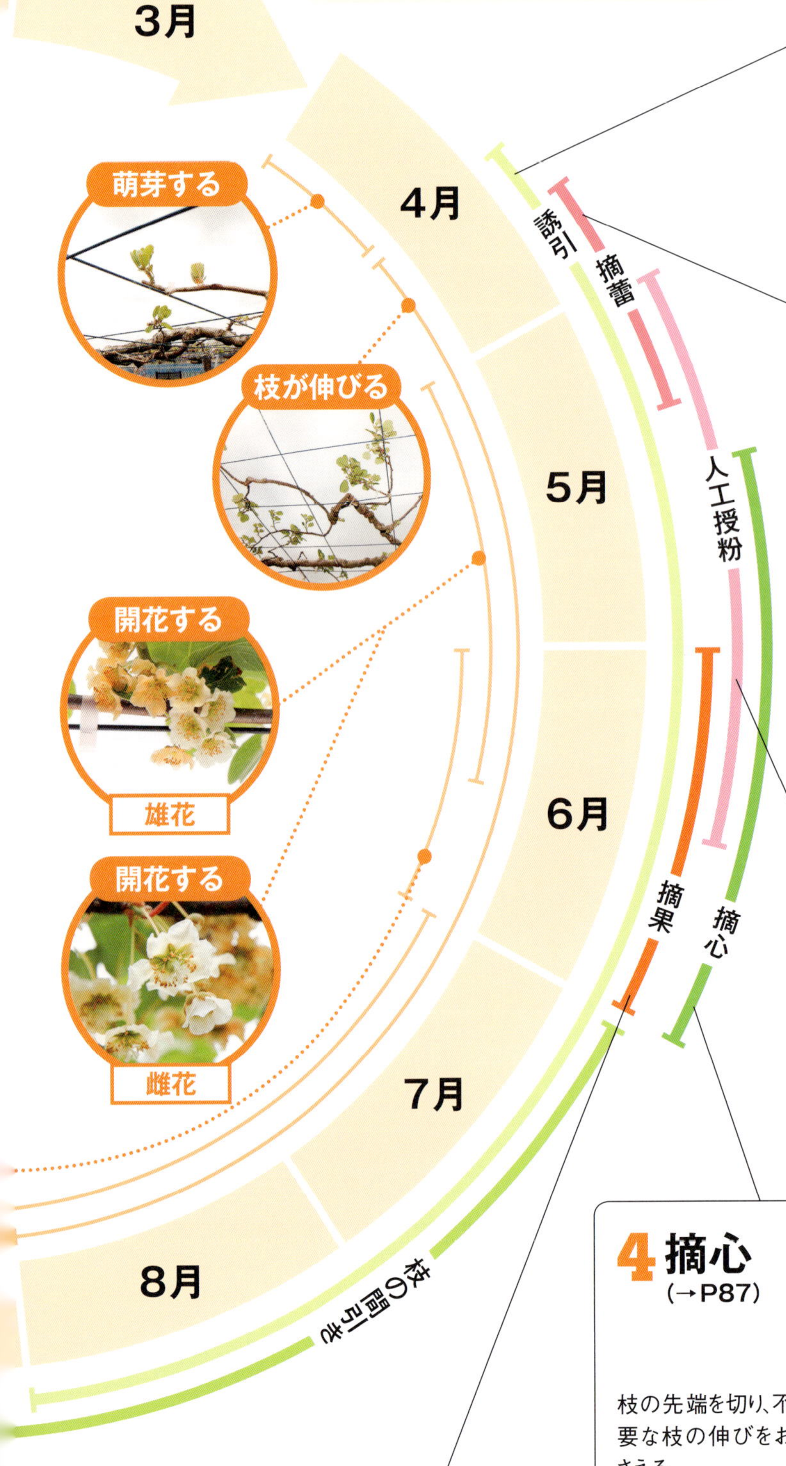

1 誘引 (→P86)

風で折れないように棚に固定する。

2 摘蕾《てきらい》 (→P86)

蕾(つぼみ)をひとつに間引いて養分ロスを防ぐ。

3 人工授粉 (→P86)

人工授粉で確実に受粉させる。

4 摘心 (→P87)

枝の先端を切り、不要な枝の伸びをおさえる。

8 剪定 (→P89)

つけ根付近の枝を残して、ばっさり切る。

7 収穫 (→P88)

各品種の収穫時期を目安に収穫する。

6 枝の間引き (→P88)

棚の上に飛び出した不要な枝を間引く。

5 摘果 (→P87)

果実を間引いて肥大を促す。

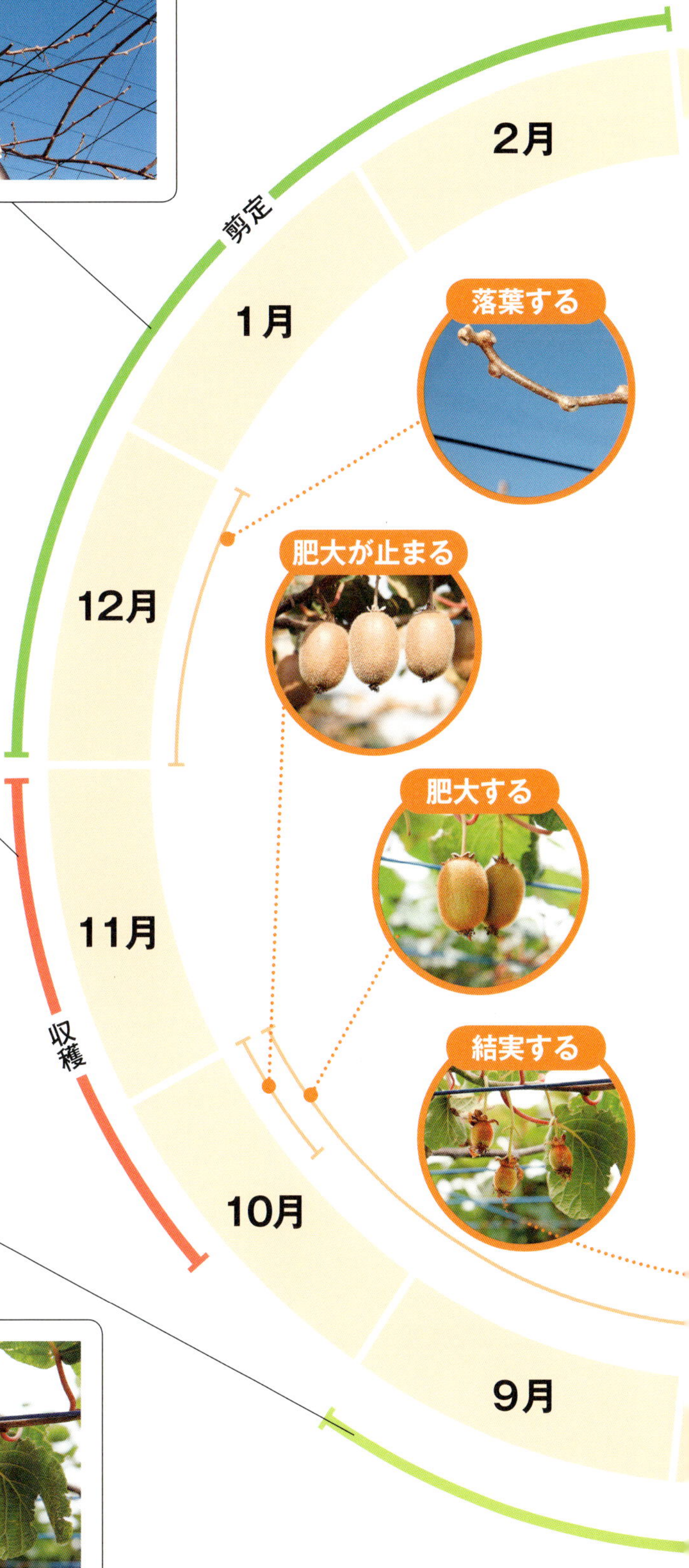

管理作業

1 誘引

4月中旬～8月

枝が30cm程度伸びたら、風で枝が折れないように、ひもなどを使って棚に固定する。曲げると折れそうな枝は、十分に伸びてから誘引する。
周囲の枝と重ならないように、誘引する場所を調整する。

2 摘蕾《てきらい》 レベルアップ

4月下旬～5月上旬

蕾(つぼみ)の多くは1カ所に2～3個分かれてつく。すべて残すと養分をロスするので、中心の大きな蕾1個を残してほかを間引く。

3 人工授粉

5～6月中旬

雌花 花の中心にイソギンチャクのような白い雌しべが40本程度あるのが特徴。周囲に雄しべのような器官があるが、正常な花粉は出ない。

雄花 雌花と異なり、雌しべがない。雄しべの先端の葯(やく)が開くと、黄色の花粉が出る。

1 雄木から雄花を摘み取る。CかDのような花を選ぶとよい。AやBはまだ早く、雄しべからまだ花粉が出ていないので、人工授粉には適さない。なおD以上に花びらが変色した場合は花粉が古くなり、使えなくなる。

2 摘み取った雄花の雄しべを雌木に咲く雌花の雌しべにこすりつける。すべての雌しべに触れるようにするのがポイント。1個の雄花で10個程度の雌花を人工授粉することができる。

4 摘心

5月中旬～6月

枝の不要な伸びをおさえるために、枝の先端を切る。
葉を15枚残し、それより先の枝はハサミなどで切る。切った枝の先端から再び枝が伸びた場合は、葉1枚を残して再度摘心する。

5 摘果

6月

1 自然状態だとほとんど果実は落ちないので、摘果しないと果実がなりすぎて小さくなる。摘蕾していなければ、まずは1カ所1果になるように間引く。

2

さらに、葉5枚あたり1果を目安に間引く。例えば、上の写真のように葉が15枚ある枝であれば、3果残して、ほかの果実は間引く。

優先して間引く果実

摘果する果実は、傷があるもの、小さいもの、形が悪いものを優先的に間引き、写真右の正常なものを残す。

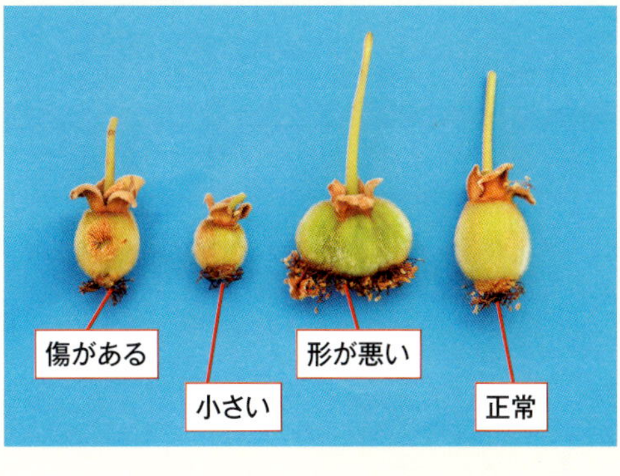

レベルアップ

6 枝の間引き

7～9月

棚の上に飛び出した枝を間引く

棚の上に飛び出した枝をそのままにしておくと、日あたりが悪くなるとともに養分をロスする。

冬の剪定を待たず、夏に棚から飛び出た枝をつけ根から切り取る。ただし、冬の剪定で更新用に使う枝は、間引かずに残しておく。

更新用に残す枝

枝を先に伸ばしながら何年も使用していると、先端ばかりに葉や果実がつき、つけ根付近にはつかなくなる。そこで、古い枝を冬の剪定時に切り取り、更新用に残した枝に切り替える。更新用に残す枝は夏の時点では棚に誘引しておく。

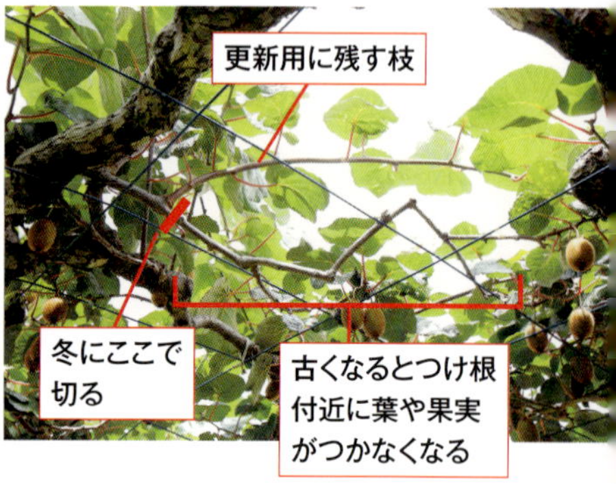

7 収穫

10月中旬～11月

果実の色やかたさで収穫適期を見分けることが難しい。そこで、果肉が赤色の品種は10月下旬、黄色の品種は11月上旬、緑色の品種は11月中旬を目安に一斉に収穫する。ただし、霜にあたると果実が傷むので、収穫時期に関わらず霜が降りる前に収穫を終える。

果実を握り、おしりを上に持ち上げるようにひねると収穫できる。

果実はすぐには食べられない

収穫直後の果実は、かたくて甘くないので、追熟させる必要がある。リンゴと一緒にポリ袋に入れて、涼しい場所(15～20℃)で6～12日程度放置するとおいしく食べられる。親指で少し押して、軽くへこむくらいが食べ頃の目安。

8 剪定

12～2月

■枝の伸び方と果実がつく位置

2月下旬

混合花芽(→P22)

花芽は枝の全域に点在する。花芽と葉芽は区別できない。

どの芽から果実がつく枝が伸びるか分からないが、花芽は枝の全域に点在するので、枝を大きく切り返してもよい。左の写真は剪定後の姿。A、Bの枝は、15芽程度の枝であったが、半分くらい切り返したので、7芽程度残っている。

5月上旬

A、Bともに先端から2～3本の枝が伸びているのが確認できる。伸びた枝の葉のつけ根に花が咲く。

6月上旬

徐々に枝が伸びて、棚が狭くなってきた。剪定後の2月下旬には、枝がほとんどなくスカスカに見えたが、今後さらに枝が伸びるのでさらに混み合ってくる。

■剪定の手順

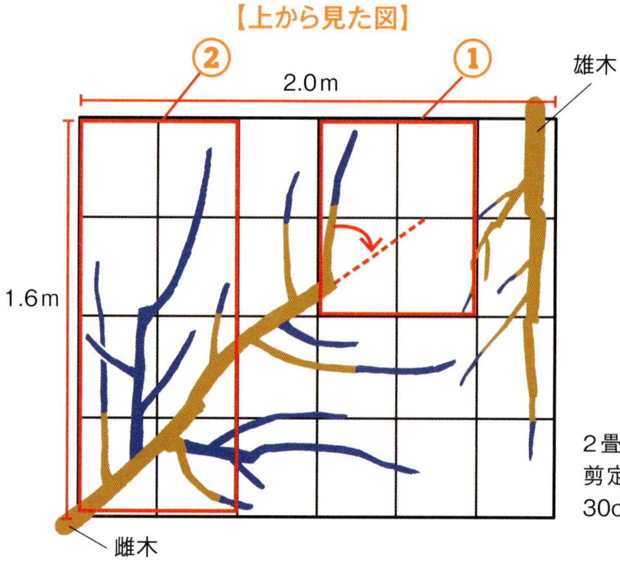

2畳（3.3㎡）程度の広さの棚なら、剪定して6～8本程度の枝を約30cm間隔で残す。

① **骨格となる枝の先端を切る**
充実した枝をまっすぐ伸ばして先端を切り返す。

② **なるべくつけ根の新しい枝に切り替える**
新しい枝が近くにあれば、古い枝を切り替える。

---

① 骨格となる枝の先端を切る

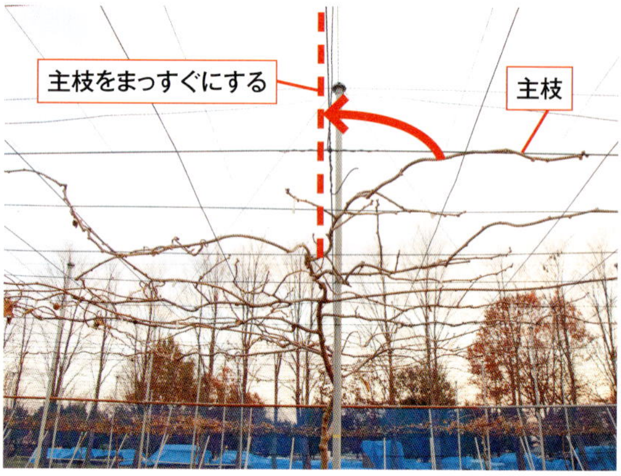

1 先端の充実した枝を1本選んで、骨格となる枝（主枝）として延長させる。現状では右方向に向かって伸びているが、まっすぐ延長させることが重要。

2 選んだ枝を7～11芽を残して切り返す。細い枝ほど短く、太い枝ほど長く残るようにする。

3 主枝がまっすぐ伸びるように、先端の枝をひもなどを使って棚に固定する。

枝を切り返す位置

キウイフルーツの枝は切り口からあまり枯れ込まないので、芽と芽の中間で切り返す。

② なるべくつけ根の新しい枝に切り替える

方法① 骨格となる枝から出た枝を使う

1 枝Aは3年間使ったために古くなり、つけ根付近に果実がならなくなってきたので、そろそろ新しい枝と更新する。主枝から、新しい枝Bが出ているので、Aをつけ根で切って更新する。

2 枝Bを折らないように慎重に棚に誘引する。うまく誘引できたら、枝Aをつけ根から切る。

3 更新後のようす。このあと、7～11芽で切り返して枝の発生を促す。

方法② 枝のつけ根付近から出た枝を使う

1 枝Cの先端付近が混み合っているので、すべての枝は残せない。方法①のように主枝からちょうどよい枝が出ていない場合は、今、使っている枝のつけ根付近から出る新しい枝Dを使う。

2 枝Cを枝Dと分かれているところまでばっさりと切り、先端を7～11芽で切り返して枝が発生しやすいようにする。

3 更新後のようす。翌夏には枝が3～5本伸びて、枝Cと同じような状態になる。

枝を切る位置

果梗のない枝

今年度結実しなかった枝。短く切ると太く長い枝が伸びて使いにくいので、7～11芽で切り返す。

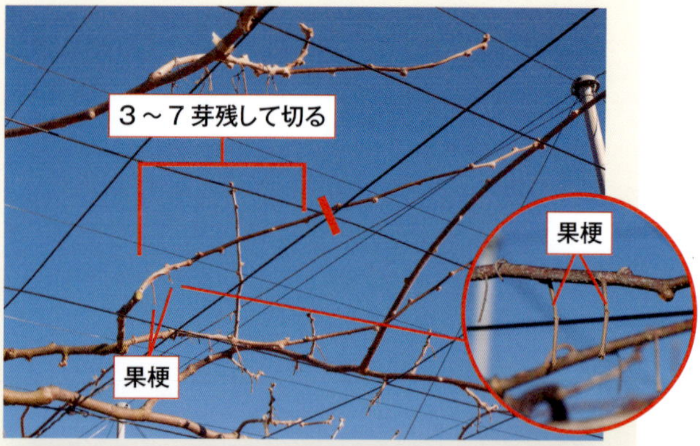

果梗のある枝

今年度結実した枝。果梗（果実のついた軸）からつけ根までの間からは翌春に枝が伸びないので、果梗から先を3～7芽で切り返す。切り返したら、果梗を切り取る。

■剪定前後

一文字仕立ての剪定前後のようす。10㎡程度の空間があるため、枝を20本程度残した。翌春もどんどん枝が伸びるので、枝を残しすぎないようにする。

■病害虫対策

病害虫名	発生時期	症状	防除法
花《はな》腐《ぐされ》細《さい》菌《きん》病《びょう》	4～5月	雌花の雌しべの周辺が黒く変色する。ひどい場合は、蕾(つぼみ)が褐変して落ちる。	感染の拡大を防ぐため、被害部は見つけ次第、ただちに取り除く。
果《か》実《じつ》軟《なん》腐《ぷ》病《びょう》	収穫後	収穫時のかたい果実には見られないが、追熟してやわらかくなると、果実が部分的に黄色く腐る。	春～夏に枝を間引いて、日あたりや風通しをよくする。果実を追熟する際の温度を高くしない。
カイガラムシ類	5～11月	枝や果実に寄生して吸汁する。	見つけ次第、歯ブラシなどでこすり取る。冬にマシン油乳剤を散布すると効果的。
キウイヒメヨコバイ	5～10月	1mm前後の小さな虫が、葉の裏に寄生し吸汁する。吸汁された葉は白くかすれる。	葉に触れると飛び回るので、捕殺するのは難しい。5、7、9月に薬剤を散布すると効果的。

カイガラムシ類

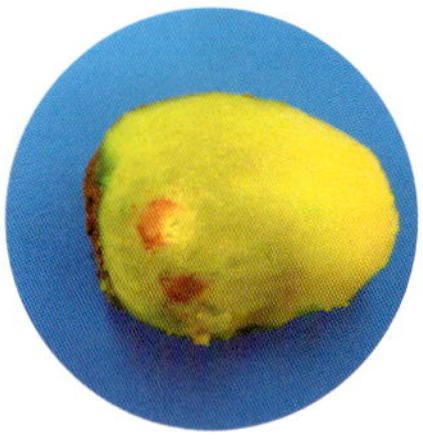
果実軟腐病

花腐細菌病

植えつけ3年目で10個程度の果実がなった鉢植え。鉢植えは初結実が早く、実つきもよい。

鉢植え栽培

つる性で太い枝が伸びるので、頑丈なオベリスクに枝を誘引する。雌木と雄木は、別々の鉢に植える。

DATA

■用土

「果樹・花木用の土」がおすすめ。入手できなければ、「野菜用の土」:鹿沼土(小粒)=7:3の割合で混ぜて使う。また、鉢底石を鉢底に3cmほど敷き詰める。

■植えつけ(鉢の目安:8～15号)

P10参照。棒苗より大苗のほうがおすすめ。

■置き場

春から秋は直射日光が長くあたる場所がよい。病気に弱いので、軒下などの雨があたらない場所に置くとよい。

■水やり

鉢土の表面が乾いたらたっぷりと水やりする。

■肥料

8号鉢(直径24cm)なら、油かすを2月に20g、化成肥料を6月と10月にそれぞれ8gずつ与える。

■管理作業

P86～93参照。

クリ

DATA

科属名	ブナ科 クリ属
形態	落葉高木
樹高	3.5m程度 最大15m
耐寒気温	−15℃
土壌pH	5.0〜5.5
花芽	混合花芽
隔年結果	しにくい

受粉樹

必要

難易度

やさしい

肥料（庭植え）

枝葉が茂る範囲が直径1m未満の木なら油かすを2月に150g、化成肥料を6月に45g、10月に30g施す。

栽培カレンダー

	1月	2月	3月	4月	5月	6月	7月	8月	9月	10月	11月	12月
植えつけ	■	■	■	（厳寒期を除く）							■	■
枝の管理	■	■	■ 剪定				■	枝の間引き				
花の管理						■	開花					
果実の管理												
収穫								■	■	■		
肥料		■				■				■		

品種を選び、剪定でコンパクトに仕立てる

クリは実りの秋を代表する果樹です。栽培の歴史は古く、青森県の縄文時代の遺跡から果実や木の痕跡が出土しており、すでに主食として栽培されていたことが分かっています。現在栽培されている品種の多くが、国内の山野に自生するシバグリから育成・選抜されたものです。

枝が横に広がる開張性の品種を選ぶと、コンパクトに仕立てやすくなるのでおすすめです。また、クリタマバチが芽に寄生すると、虫こぶができて枝が伸びず枯れてしまうので、抵抗性のある品種を選びましょう。調理する際には、渋皮をむくのが面倒ですが、最近、電子レンジなどで加熱すると渋皮が簡単にむける品種〝ぽろたん〟も出回っています。

管理作業の手間はあまりかかりませんが、受粉樹が必要です。また、大木になりやすく、日光があたらない場所にある枝は枯れるので、剪定して木をコンパクトにし、古い枝を間引いて若い枝に更新しましょう。

■品種

品種名	樹姿	クリタマバチ抵抗性	収穫期 8月	収穫期 9月	収穫期 10月	果実重(g)	特徴
森早生（もりわせ）	直立性	やや強	■			18	収穫時期が早いので、果実がクリシギゾウムシの被害を受けにくい。
ぽろたん	開張性	強		■		30	加熱すると渋皮が簡単にむける新品種。大果で育てやすいのでおすすめ。
筑波（つくば）	直立性	やや強		■		25	食味がよく、収穫量が多い定番品種。幼木の頃から実つきがよい。
銀寄（ぎんよせ）	開張性	強		■		25	代表的な丹波グリの品種。落果がやや多いが、果実の外観が非常に美しい。
とげなし栗	直立性	強		■		20	イガのトゲが極めて短いので、収穫時に痛い思いをしなくてもよい。食味もよい。
美玖里（みくり）	直立性	強			■	28	新品種。晩生品種のなかでは食味がよく、大果。'ぽろたん'の受粉樹にも向く。

※直立性：枝が真上に伸びるタイプ　開張性：枝が横に開いて伸びるタイプ

■植えつけと仕立て（開心自然形仕立て）

骨格となる枝（主枝）を2〜3本つくり、開心自然形（→P11）に仕立てる。

支柱を立てる
腐葉土18〜20ℓを土に混ぜる
60cmで切る
50cm
50cm

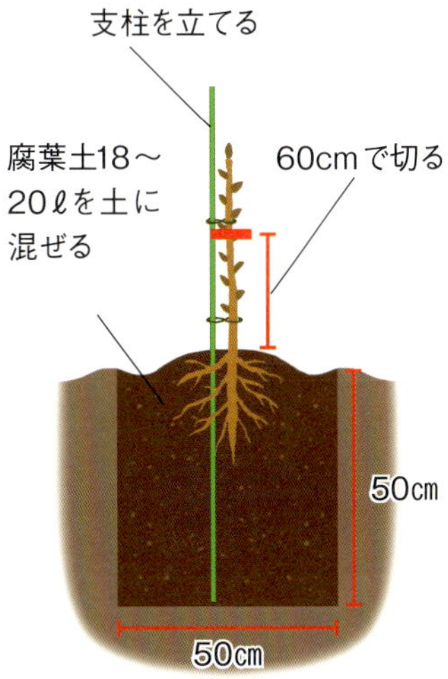

1年目（植えつけ）

時期
11〜3月（厳寒期を除く）

ポイント
日あたりと水はけがよい場所を好む。根が深く伸びる性質があるので、最低でも深さ50cmは掘り上げて、土をやわらかくしてから植えつける。近くに受粉樹も植える。

3年目以降
日あたりが悪い場所にある枝は枯れるので、枝を間引き、古い枝は新しい枝に更新する。

2年目
伸びた枝のうち、充実した2〜3本の枝を残し、ほかはつけ根から間引く。残した枝は1/4程度切り返す。

■作業と生育のサイクル

ポイント

- ●受粉樹を近くに植える。
- ●イガが落ちたら両足で踏んで収穫する。
- ●大木になりやすいので、剪定してコンパクトに仕立てる。

雄花と雌花

ネコジャラシのような花が雄花。雌花は一部の雄花のつけ根に咲く。雌花のほうが雄花より若干早く咲く。

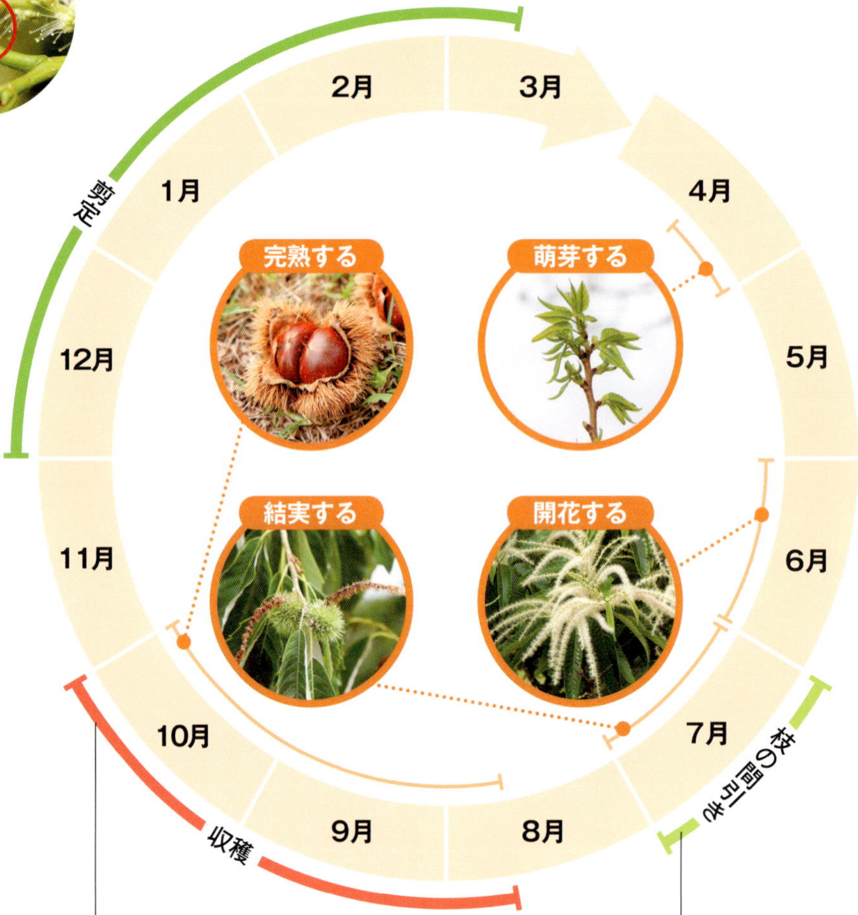

1 枝の間引き

7月

枝が混みすぎたら、つけ根から間引く。日あたりの悪い枝には翌年の花芽がつきにくいので、なるべく早く行う。

2 収穫

8月下旬～10月中旬

イガが茶色くなって割れ、自然に落ちたら収穫適期。両足でイガを踏み、果実を取り出す。

■枝の伸び方と果実がつく位置

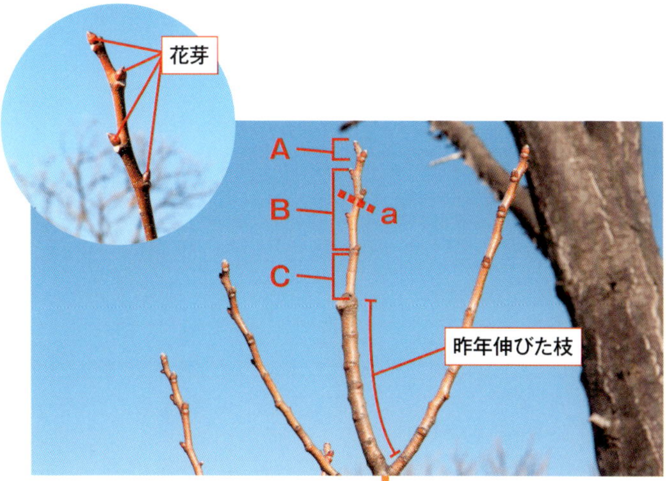

3 剪定

12～3月上旬

2月下旬

混合花芽 (→P22)

花芽は枝の先端付近につく。大きいのが花芽、葉がとれたあとのくぼみしかないのが葉芽、と区別できる。

一般に、先端の0～3芽が雄花と雌花がつく花芽、その下1～5芽が雄花だけがつく花芽、そのさらに下の芽すべてが葉芽になる。写真では先端の2芽Aが雄花と雌花がつく花芽、その下の4芽Bが雄花のみがつく花芽、残りの2芽Cが葉芽。剪定時の2月下旬には、AとBの区別はできない。

4月中旬

萌芽したようす。枝の先端付近の3～8芽程度が萌芽する。

6月上旬

開花したようす。写真でひも状に伸びているのが雄花の花穂(かすい/花がつく軸)。1本の花穂に100個程度の雄花が咲く。雌花は雄花の花穂のつけ根付近に1個咲く(→P96)。2月下旬のAの花芽から伸びた枝には、雄花と雌花が咲き、Bの花芽から伸びた枝には雄花だけしか咲かない。

7月上旬

枝先付近の枝に結実している。2月下旬の剪定時にaで切り返していたら果実はつかなかった。

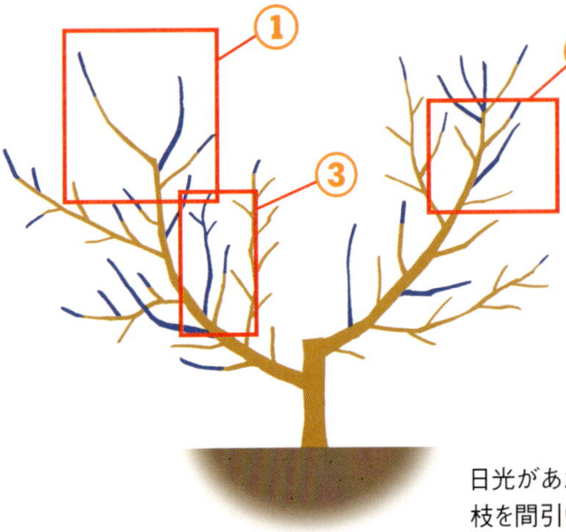

日光があたらない枝は枯れていくので、
枝を間引いて日あたりをよくする。

① **先端の枝を 1 本に間引き、切り返す**
枝の勢いを弱めないために、先端の枝を1本に間引き、枝先を切り返す。

② **不要な枝をつけ根から間引く**
混み合った枝や平行枝などの不要な枝を間引く。

③ **古くなった枝は新しい枝に更新する**
古い枝を切り、近くから出る新しい枝に切り替える。

② 不要な枝をつけ根から間引く

混み合った枝や平行枝を優先的につけ根から間引く。翌年、枝葉が伸びても混み合わないようにする。

① 先端の枝を 1 本に間引き、切り返す

枝の先端付近が枝分かれしている場合は1本になるようにつけ根から間引く。1本に間引くことで、枝の勢いが弱くなるのを防ぐことができる。先端の枝には果実をならせないので、枝先から1/3程度切り返す。

③ 古くなった枝は新しい枝に更新する

枝を何年も使っていると、つけ根付近から出る枝が枯れて葉や果実がつかなくなる。その前に近くの充実した枝を残して準備する。残した枝に果実がつくようになったら、古い枝をつけ根から間引き、新しい枝を利用する。

■剪定前後

剪定では5割程度の枝を切り取るのが目安。翌春に各枝から3～8本程度の新しい枝が伸びるので問題ない。

■病害虫対策

病害虫名	発生時期	症状	防除法
炭《たん》そ病《びょう》	8～10月	果実(種子)の表面が黒く変色し、なかに空洞ができる。	感染源のひとつであるクリタマバチの防除を徹底する。適期に殺菌剤を散布すると効果的。
クリタマバチ	5～8月	芽が異常肥大し、赤く変色して虫こぶをつくる。	剪定を毎年必ず行い、古くなった枝は新しい枝に更新する。抵抗性が強い品種を選ぶ。
クリシギゾウムシ	10～11月	収穫果を1週間ほど放置すると、内部から幼虫が穴をあけて出てくる。	早生品種を植える。現状では、薬剤散布以外、効果的な防除法はない。
モモノゴマダラメイガ	6～10月	イガの割れ目からはみ出した成熟果から、糸でつながった大量の糞が押し出される。	見つけ次第、イガごと処分する。

鉢植えは実つきがよく、初収穫も早い。

鉢植え栽培

庭に植えると大木になりやすいので、鉢に植えてコンパクトに育てるとよい。

DATA

■用土

「果樹・花木用の土」がおすすめ。入手できなければ、「野菜用の土」:鹿沼土(小粒)=7:3の割合で混ぜて使う。また、鉢底石を鉢底に3cmほど敷き詰める。

■植えつけ(鉢の目安:8～15号)

P10参照。棒苗より大苗のほうがおすすめ。

■置き場

春から秋は直射日光が長くあたる場所がよい。軒下などの雨があたらない場所に置くとよい。

■水やり

鉢土の表面が乾いたらたっぷりと水やりする。

■肥料

8号鉢(直径24cm)なら、油かすを2月に30g、化成肥料を6月に10g、10月に8g与える。

■管理作業

P96～99参照。

サクランボ

DATA

科属名	バラ科 サクラ属
形態	落葉高木
樹高	3m程度 最大10m
耐寒気温	−15℃
土壌pH	5.5〜6.0
花芽	純正花芽
隔年結果	しにくい

受粉樹

必要

難易度

難しい

■肥料（庭植え）

枝葉が茂る範囲が直径1m未満の木なら油かすを11月に130g、化成肥料を4月に40g、7月に30g施す。

■栽培カレンダー

	1月	2月	3月	4月	5月	6月	7月	8月	9月	10月	11月	12月
●植えつけ	━	━	━	（厳寒期を除く）							━	━
●枝の管理	━	━	━	剪定	━	摘心						
●花の管理				━	━ 開花・人工授粉							
●果実の管理					━	摘果・袋かけ						
●収穫					━	━	━					
●肥料				━			━				━	

人気の家庭果樹は注意するポイントが多い

サクランボには、甘味の強い甘果《かんか》桜桃《おうとう》、酸味の強い酸果《さんか》桜桃《おうとう》、中国原産の中国実桜《しなのみざくら》などがありますが、日本ではおもに甘果桜桃の品種が栽培されています。冷涼な気候を好み、晩霜と5〜7月の降水量が少ない地域が適地で、山形県や北海道、青森県などでの栽培が盛んです。

サクランボには高級な果物というイメージと、見た目もかわいいので家庭果樹として人気がありますが、注意すべきポイントが多い果樹でもあります。まずは1品種で育てると実つきが悪いので、相性のよい品種と一緒に育てましょう（↓P103）。次に大木になりやすいので、剪定して木をコンパクトにします。また、実つきをよくするために、枝が斜めになるよう、下からひもで引っ張るとよいでしょう。最後に庭植えで育てると、収穫間近の果実に雨があたって割れることもあるので、果実袋をかけて水がかからないようにする工夫も必要です。

品種

品種名	受粉樹	収穫期			果皮色	果実重(g)	特徴
		5月	6月	7月			
暖地桜桃《だんちおうとう》	不要	□□□□■■	■■□□□□	□□□□□□	赤黄色《せきおうしょく》	4	受粉樹が不要で、雨に強いので庭木としておすすめ。開花期が早く受粉樹としては不向き。
佐藤錦《さとうにしき》	必要	□□□□□□	□□■■■■	□□□□□□	鮮紅色《せんこうしょく》	6	大きさ、外観、食味ともに極上の定番品種。熟しすぎると食味が悪くなる。
紅《べに》きらり	不要	□□□□□□	□□■■■■	□□□□□□	鮮紅色	8	受粉樹が不要な新品種。若木のうちは枝が直立しやすいので、ひもなどで誘引する。
紅秀峰《べにしゅうほう》	必要	□□□□□□	□□□□■■	■■□□□□	赤黄色	9	大果で食味も優れるために近年人気の品種。'佐藤錦'の受粉樹にも向く。
ナポレオン	必要	□□□□□□	□□□□■■	■■□□□□	赤黄色	7	明治時代に海外から導入された品種。果肉がかためなので料理にも利用可。
月山錦《がっさんにしき》	必要	□□□□□□	□□□□□□	■■■■□□	淡黄色《たんおうしょく》	10	果皮が淡い黄色をした珍品種。大果で人気がある。'佐藤錦'の受粉樹には不向き。

※'暖地桜桃'が中国実桜、それ以外の品種はすべて甘果桜桃。品種の相性はP103を参照。

※ほとんどの品種には受粉樹が必要。

放任すると写真のような大木になるので注意する。

植えつけと仕立て（変則主幹形仕立て）

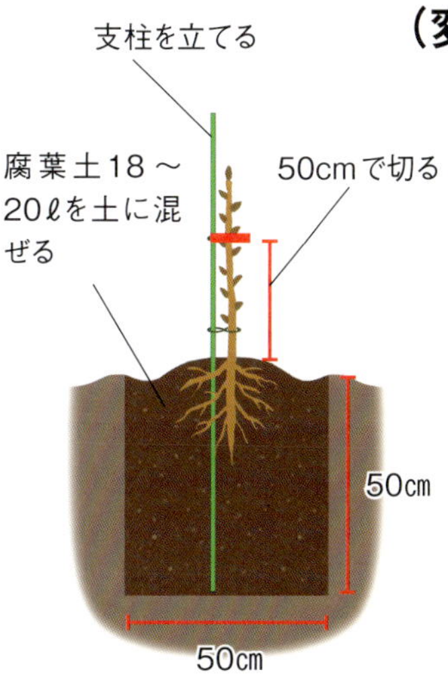

1年目（植えつけ）

時期

11～3月（厳寒期を除く）

ポイント

日あたりと水はけがよい場所に植える。涼しい気候を好むので、夏に30℃をこえる場所では、できるだけ涼しい場所を選んで植えつける。受粉樹として相性のよい品種を近くに植える。

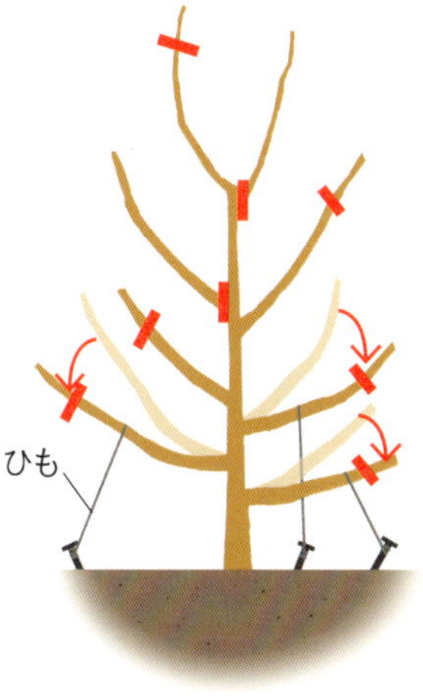

2年目

混み合った枝を間引き、先端を軽く切り返す。ひもなどを使って枝を水平に誘引すると実つきがよくなる。

3年目以降

木の先端を大きく切って樹高を下げる。真上に伸びる枝は間引き、なるべく枝が横向きになるようにする。

ポイント

- 受粉樹を選ぶ際は品種間の相性に注意する。
- 収穫間際の果実に雨などの水があたると割れやすいので袋かけをして防ぐ。

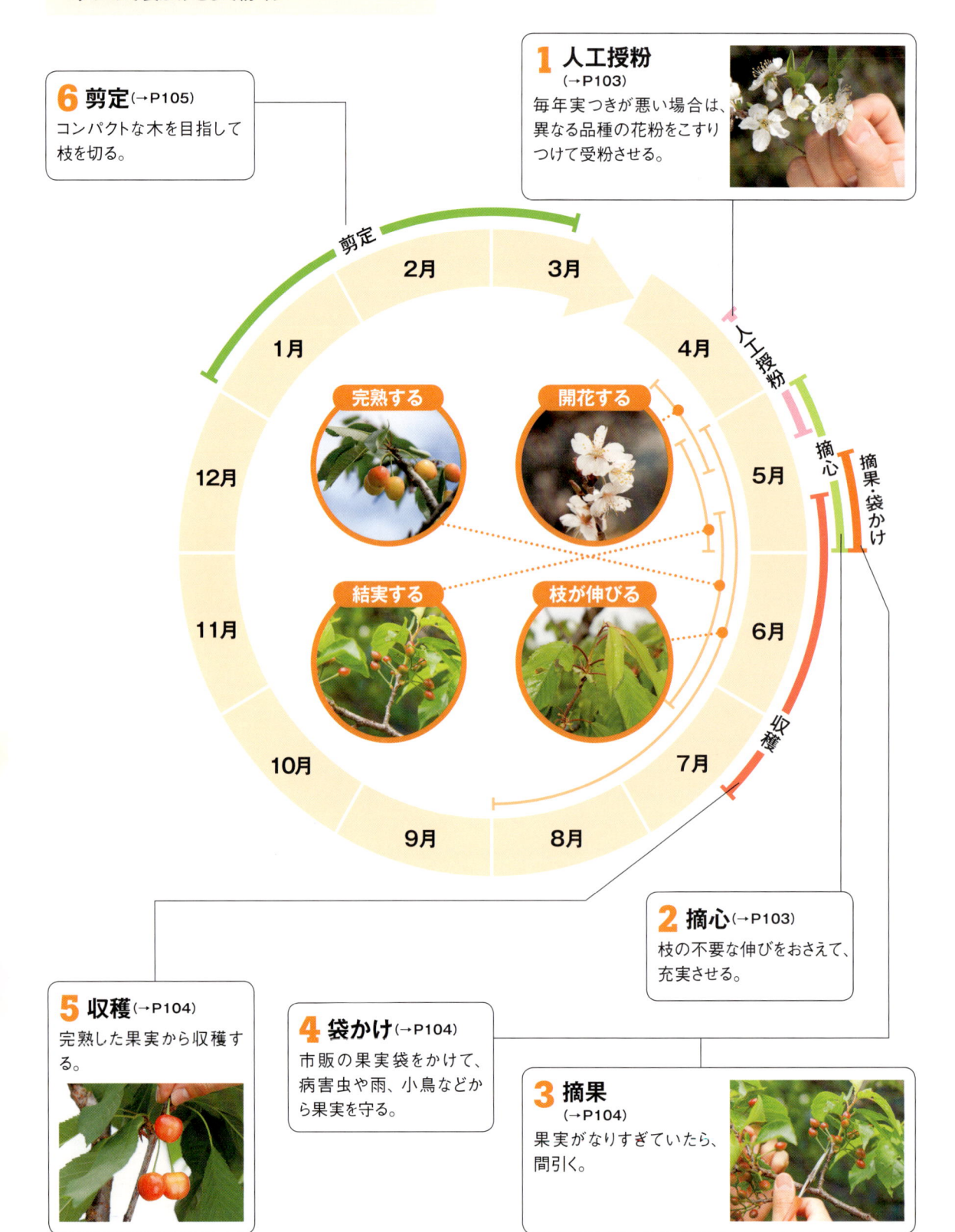

■作業と生育のサイクル

1 人工授粉 (→P103)

毎年実つきが悪い場合は、異なる品種の花粉をこすりつけて受粉させる。

6 剪定 (→P105)

コンパクトな木を目指して枝を切る。

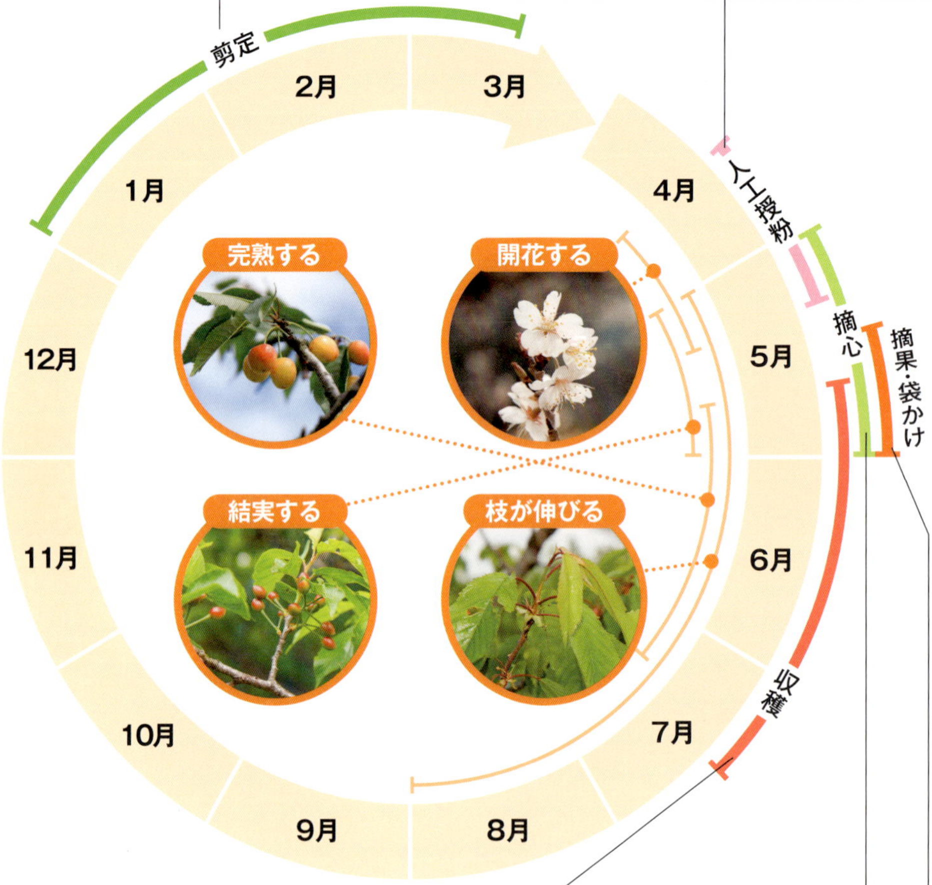

2 摘心 (→P103)

枝の不要な伸びをおさえて、充実させる。

3 摘果 (→P104)

果実がなりすぎていたら、間引く。

4 袋かけ (→P104)

市販の果実袋をかけて、病害虫や雨、小鳥などから果実を守る。

5 収穫 (→P104)

完熟した果実から収穫する。

1 人工授粉

4月中旬～5月上旬

毎年実つきが悪い場合や確実に受粉させたいときに行う。
咲いている花を摘み、異なる品種の花にこすりつける。または、異なる品種の花を乾いた絵筆などで交互に触れる。

受粉樹としての品種間の相性

雄しべ／雌しべ	佐藤錦《さとうにしき》	紅秀峰《べにしゅうほう》	ナポレオン	月山錦《がっさんにしき》	暖地桜桃《だんちおうとう》
佐藤錦《さとうにしき》	×	○	○	×	-
紅秀峰《べにしゅうほう》	○	×	○	○	-
ナポレオン	○	○	×	○	-
月山錦《がっさんにしき》	×	○	○	×	-
暖地桜桃《だんちおうとう》	-	-	-	-	○

※'暖地桜桃'はほかの品種と開花時期が大きく異なる。

2 摘心 レベルアップ

5月

1 枝の不要な伸びをおさえることで枝が充実し、花芽が多くつくようになる。
葉が３～５枚つくようになったら、先端の枝を止める。
骨格となる枝（主枝・亜主枝）の先端は不要。

2 下の写真は８月のようす。摘心後、葉のつけ根に充実した茶色の花芽が多くついた。

3 摘果

5月中旬～下旬

果実が多くなりすぎたら、摘果をして数を減らす。必ず行うべき作業ではないが、摘果することで甘く大きな果実が収穫できる。

形の悪い果実や小さな果実を摘み取り、1カ所（1果そう）2～3個残す。

4 袋かけ レベルアップ

5月中旬～下旬

果実を病害虫や小鳥などから守るために、摘果後に市販の果実袋をかけるとよい。また、雨にあたると果実が割れやすいので、それを防ぐ意味でも袋かけは効果的。1果ずつが基本だが、大きな果実袋を1カ所まとめてかけてもよい。

5 収穫

5月下旬～7月中旬

果実袋のなかを確認して、色づいた果実から果梗（果実のついた軸）をつまみ、持ち上げて収穫する。適期でない果実は再び袋かけしないと鳥に食べられてしまうので注意する。

6 剪定

1～3月中旬

■枝の伸び方と果実がつく位置

3月中旬

純正花芽（→P22）

長い枝であれば、先端付近に葉芽が、つけ根付近に花芽がつく。花芽と葉芽は区別できる。

果実は長い枝にはなりにくい。写真のように芽がいくつも集まった短い枝（花束状短果枝／かそくじょうたんかし）には果実がなりやすい。剪定では花束状短果枝をなるべく残すとよい。

4月中旬

開花したようす。花束状短果枝から花がたくさん咲いており、枝葉も伸びかかっている。このあと枝が長く伸びず、2cm程度で止まった場合には再び花束状短果枝となる。5月に伸びた枝を摘心すると花束状短果枝がつきやすい。また、写真のように垂直に立っている枝を、斜めに倒すことでも花束状短果枝がつきやすくなる。

5月上旬

写真左は結実したようす。温暖地ではとくに果実が落ちやすいので、人工授粉して確実に受粉させるとよい。気候や管理作業がよいと、花束状短果枝には写真下のように果実がなる。

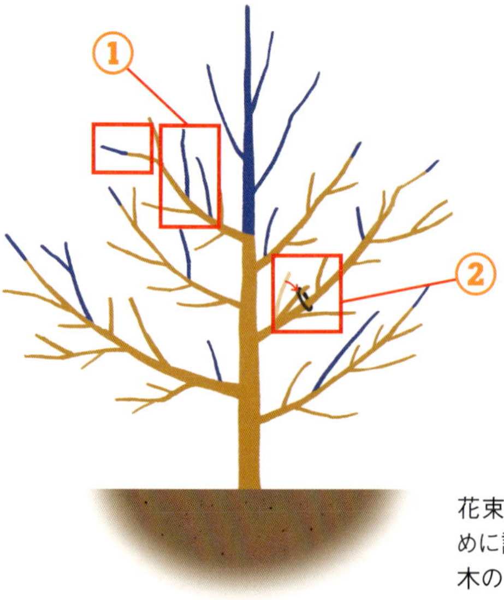

剪定の手順

① **不要な枝をつけ根から間引く**
混み合った枝、枯れた枝などの不要な枝を切る。

② **真上に伸びた枝を斜めに引っ張る**
ひもなどを利用して枝を斜めに引っ張る。

③ **枝の先端を 1/4 程度切り返す**
骨格となる枝(主枝・亜主枝)や延長させたい枝の先端を1/4程度切り返す。

花束状短果枝を多くつけるため、枝を斜めに誘引するとよい。樹高が高くなったら、木の先端を大きく切る。

② 真上に伸びた枝を斜めに引っ張る

真上に伸びた枝からは来年も生育がおう盛な枝が伸びるので、花束状短果枝(→P105)がつきにくく、果実もなりにくい。そこで、花束状短果枝がつくように真上に伸びた枝をひもなどを使って斜めに引っ張る。ひもの一方は、主枝・亜主枝や地面に打った杭に固定するとよい。ある程度結実するようになると、果実の重みで枝は自然と横向きになる。

① 不要な枝をつけ根から間引く

混み合った枝、枯れた枝などを優先的に間引いて、全体の枝の数が2/3 ～ 1/2になるように減らす。

③ 枝の先端を 1/4 程度切り返す

主枝・亜主枝や延長させたい枝の先端を1/4程度切り返して、枝の伸びを促す。下向きについた芽の上(外芽)で切ると、枝の不要な伸びをおさえられる。

■剪定前後

混み合った枝などを間引くと、風通しがよくなり、木の内側に日光があたって枝も充実する。

■病害虫対策

病害虫名	発生時期	症状	防除法
灰星病《はいほしびょう》	5～7月	収穫直前の果実に褐色の斑点が発生し、やがて灰色の粉状の胞子のかたまりが果実全体を覆う。	発病部位は見つけ次第、取り除く。ミイラ化した果実を残すと翌年も発生しやすいので注意する。
炭《たん》そ病《びょう》	5～9月	果実に茶褐色の病斑が発生し、深くくぼむ。葉にも発生し、異常落葉を引き起こす。	発病部位は見つけ次第、取り除く。
オウトウショウジョウバエ	6～7月	成熟果にウジ虫状の幼虫が発生する。晩生品種の被害が大きい。	見つけ次第、果実ごと処分する。ひどいようなら早生品種に更新する。

受粉樹を別の鉢に植えつけ、近くで育てる。

鉢植え栽培

涼しい気候を好み雨を嫌うので、鉢植えにして置き場所を工夫するとよい。収穫期だけ屋内に入れて鳥から守ることも可能。

DATA

■用土

「果樹・花木用の土」がおすすめ。入手できなければ、「野菜用の土」:鹿沼土(小粒)＝7:3の割合で混ぜて使う。また、鉢底石を鉢底に3cmほど敷き詰める。

■植えつけ（鉢の目安：8～15号）

P10参照。棒苗より大苗のほうがおすすめ。

■置き場

春から秋は直射日光が長くあたる場所がよい。暑さと雨に弱いので、軒下などの雨があたらない場所に置くとよい。

■水やり

鉢土の表面が乾いたらたっぷりと水やりする。

■肥料

8号鉢(直径24cm)なら、油かすを11月に20g、化成肥料を4月に10g、7月に8g与える。

■管理作業

P103～107参照。

ジューンベリー

DATA

科属名	バラ科 ザイフリボク属
形態	落葉高木
樹高	3m程度 最大10m
耐寒気温	−20℃
土壌pH	5.5〜6.5
花芽	混合花芽
隔年結果	しにくい

受粉樹

不要

難易度

やさしい

肥料（庭植え）

枝葉が茂る範囲が直径1m未満の木なら油かすを11月に130g、化成肥料を4月に40g、7月に30g施す。

栽培カレンダー

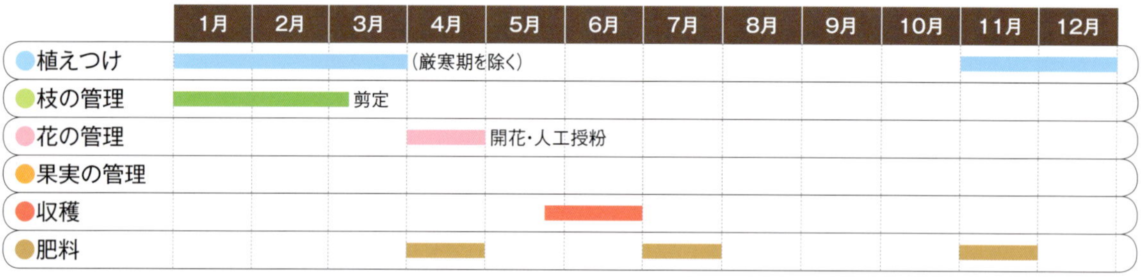

寒さや病害虫に強い6月のベリー類

和名をアメリカザイフリボクといいますが、6月頃果実を収穫するため、親しみを込めてジューンベリー（6月のベリー類）と呼ばれます。

日本では果樹としてよりも庭木として扱われることが多いのは花や新緑、そして紅葉が美しいからです。最近では庭木としてだけでなく、果実を収穫する果樹としてジューンベリーを育てる人もふえています。甘酸っぱい果実は皮ごと食べられ、ジャムにすることもできます。

寒さや病害虫に強い果樹ですが、強い西日があたって乾燥する場所に苗木を植えると、実つきが悪くなるおそれがあるので避けましょう。

株元からひこばえが多く伸びるので、株仕立て（↓P11）にして古い枝をひこばえに更新して樹高を低く保ちます。

苗木1本で育てても実つきがよいので、受粉樹を植える必要はありませんが、人工授粉をするとさらに実つきがよくなります。

■品種

品種名	樹高	株立ち性	収穫期		果実サイズ	特徴
			5月	6月		
ロビン・ヒル	高	中			小	薄いピンク色の花をつけるのが特徴の人気品種。
プリンセス・ダイアナ	高	中			小	大きな花が咲く品種。秋の紅葉が美しい。
ラマルキー	高	中			中	花つきや実つきがよく、紅葉が美しい。
バレリーナ	中	強			中	初結実までの期間が短い。花つきがよく、株立ち性が強い。
スノーフレーク	中	強			中	株立ち性が強く、庭植え、鉢植えのどちらでも楽しめる。
ネルソン	低	中			大	樹高が低いので、狭い場所での庭植えや鉢植えに向く。

※株立ち性：株元からひこばえが多く発生し、ほうきを逆さまにしたような樹形になる性質

ひこばえを使って、株仕立て（→P11）にする。写真のように1～2本の主幹で変則主幹形（→P11）に仕立ててもよい。

■植えつけと仕立て（株仕立て）

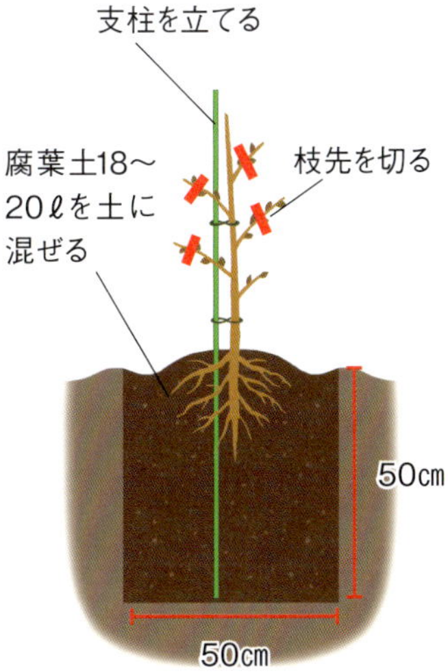

1年目（植えつけ）

時期

11～3月（厳寒期を除く）

ポイント

日あたりと水はけがよい場所に少し浅めに植えつける。秋植えのほうが根が土になじみやすい。株元からひこばえが伸びていれば、2～3本残してほかは間引く。枝先を軽く切り返して充実した枝を伸ばす。

2～3年目

ひこばえが伸びてくるので、2～3本残してほかを間引く。

4年目以降

大木にならないように木の広がりをおさえ、混み合う部分や不要な枝をつけ根から切る。

1 人工授粉

4月

必ず行うべき作業ではないが、毎年実つきが悪い場合は行う。乾いた絵筆などを使い、同じ花のなかの雄しべと雌しべに交互に触れる。

■作業と生育のサイクル

ポイント

- 病害虫に強く、手間をかけなくても収穫できる。
- 大木になりやすいので、木の広がりをおさえる。
- 花芽が枝の先端付近につくので、約半数の枝だけ切り返す。

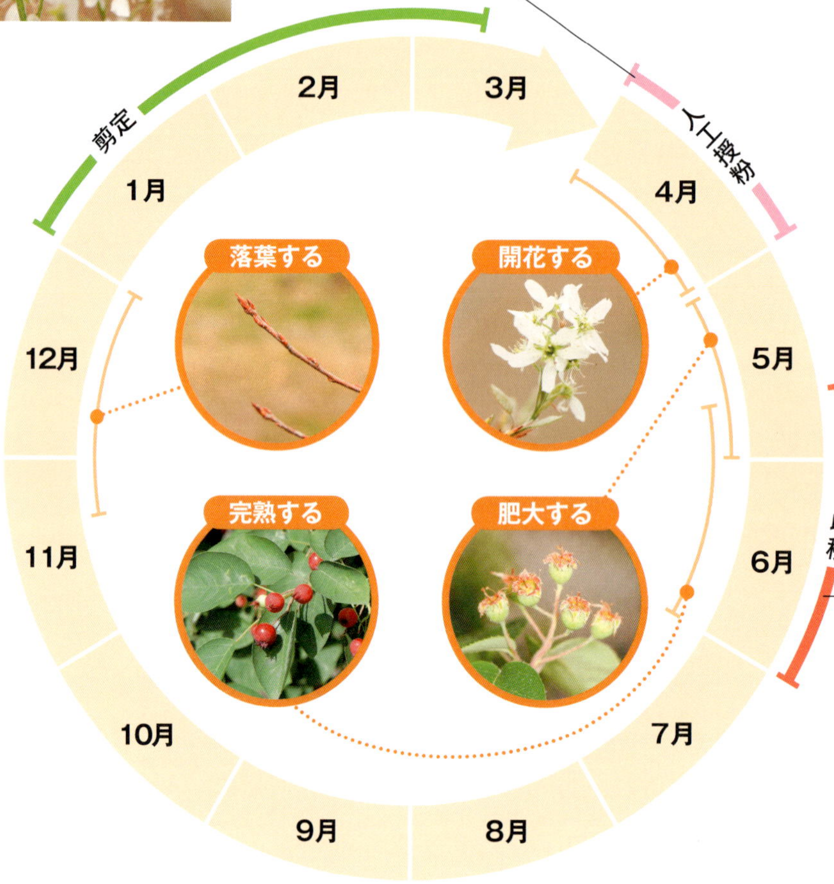

2 収穫

5月下旬～6月

果実が赤く熟したら収穫できる。熟したものから順次、手で摘み取る。写真左のように黒く変色すると酸味は激減する。好みの状態で収穫する。

3 剪定

1～3月上旬

■枝の伸び方と果実がつく位置

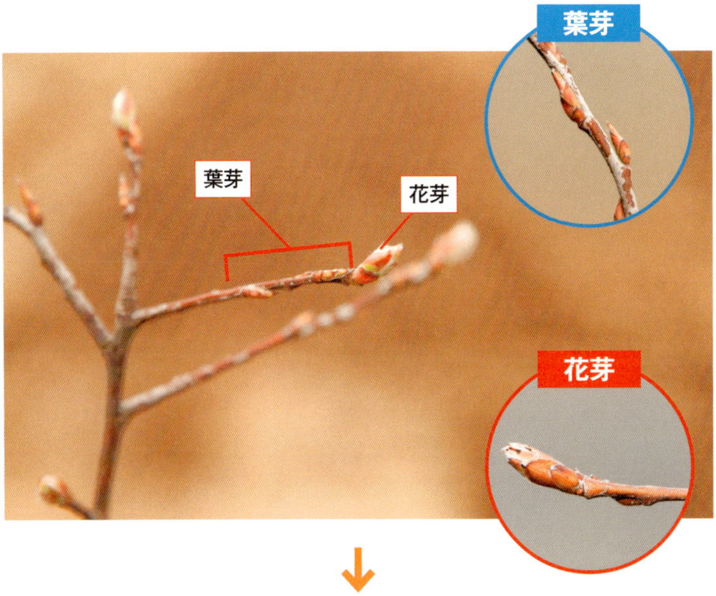

2月下旬

混合花芽(→ P22)

花芽は枝の先端付近につく。花芽と葉芽は区別できる。

混合花芽が枝先１～３芽につき、大きいものが花芽、小さいものが葉芽と区別できる。花芽からは枝葉が伸びて、葉のつけ根に花(果実)がつく。写真の枝は、先端の１芽が花芽、残りの３芽が葉芽。

↓

4月上旬

開花したようす。花は若い葉のつけ根から房状に咲く。

↓

4月下旬

結実したようす。先端の芽から伸びた枝にしか結実していない。冬の剪定時に枝先を切り返していたら果実はならなかった。果実が肥大すると重みで枝が垂れ下がる。

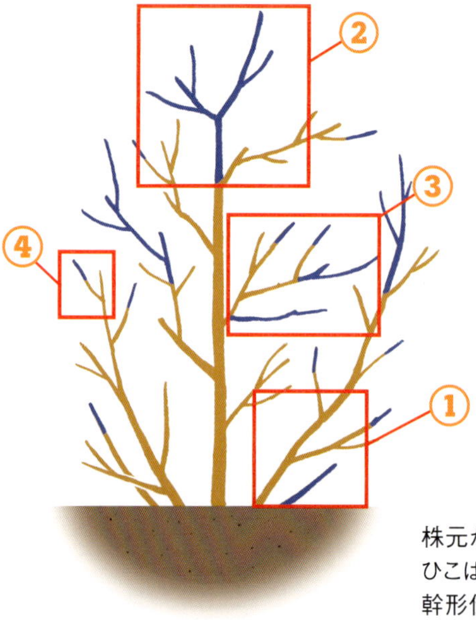

■剪定の手順

1. **ひこばえを間引く**
   株元から出る不要なひこばえを間引く。
2. **木の広がりをおさえる**
   木が大きくなったら枝分かれしているところで切る。
3. **不要な枝をつけ根から間引く**
   混み合った枝や平行枝などの不要な枝を間引く。
4. **枝の先端を 1/3 程度切り返す**
   残した枝のうち約半数の枝先を1/3程度切り返す。

株元から伸びるひこばえを利用して株仕立てにする。ひこばえをすべて間引いて、主幹を1本にし、変則主幹形仕立て(→P11)にしてもよい。

② 木の広がりをおさえる

大木になりやすいので、枝分かれしている場所で間引いて、上や横への広がりをおさえる。

① ひこばえを間引く

ひこばえは数本残してほかを間引く。古い枝をひこばえに更新すると、樹高を低く保つことができる。

③ 不要な枝をつけ根から間引く

混み合った枝や平行枝を優先的につけ根から間引く。翌年、枝葉が伸びても混み合わないようにする。

④ 枝の先端を 1/3 程度切り返す

残した枝のうち、約半数の枝の先端を切り返し、枝の伸びを促す。花芽を残すため、切り返さない枝もつくる。

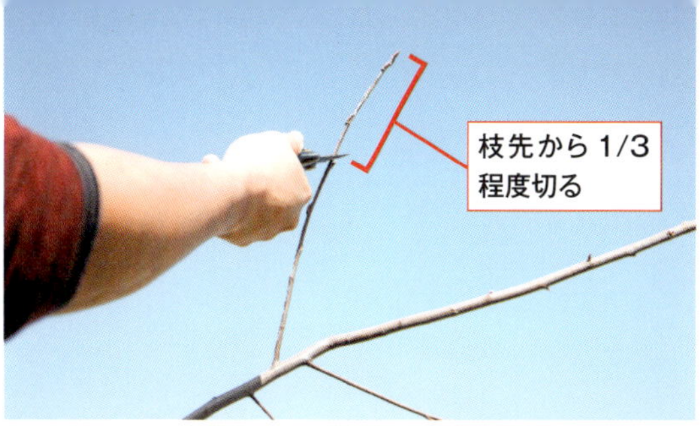

■剪定前後

ひこばえを間引くだけでもすっきりとする。更新用のひこばえも少し残している。

■病害虫対策

病害虫名	発生時期	症状	防除法
アブラムシ類	5～9月	若い枝葉に寄生し吸汁する。	葉や枝の先端を観察し、見つけ次第、捕殺する。
モンクロシャチホコ	7～11月	幼虫が集団で若い葉を食べる。	葉や枝の先端を観察し、見つけ次第、捕殺するか適用のある薬剤を散布する。
カミキリムシ類	6～9月	成虫が、地際付近の幹に産卵する。その後、ふ化した幼虫が幹を食害し、木が弱る。	地際付近の幹を観察して、幼虫が出す木くずや糞をみつけたら、穴に針金を差し込み処分する。

庭植えと同じように株元から出るひこばえを間引いて、枝の数を調整する。

鉢植え栽培

乾燥すると実つきが悪くなるので、強い西日があたらない場所に置く。

DATA

■用土

「果樹・花木用の土」が最適。入手できなければ、「野菜用の土」:鹿沼土(小粒)=7:3の割合で混ぜて使う。また、鉢底石を鉢底に3cmほど敷き詰める。

■植えつけ

(鉢の目安:8～15号)

P10参照。棒苗より大苗のほうがおすすめ。

■水やり

鉢土の表面が乾いたらたっぷりと水やりする。

■置き場

春から秋は直射日光が長くあたる場所がよい。加えて軒下などの雨があたらない場所に置くとよい。

■肥料

8号鉢(直径24cm)なら、油かすを11月に20g、化成肥料を4月に10g、7月に8g与える。

■管理作業

P110～113参照。

スモモ

DATA

科属名	バラ科 サクラ属
形態	落葉高木
樹高	2.5m程度 最大8m
耐寒気温	−18℃
土壌pH	5.5～6.5
花芽	純正花芽
隔年結果	しにくい

受粉樹

品種によっては必要

難易度

ふつう

肥料（庭植え）

枝葉が茂る範囲が直径1m未満の木なら油かすを2月に130g、化成肥料を5月と9月にそれぞれ30gずつ施す。

栽培カレンダー

	1月	2月	3月	4月	5月	6月	7月	8月	9月	10月	11月	12月
植えつけ	■	■	■	（厳寒期を除く）							■	■
枝の管理	■	■	剪定								剪定	■
花の管理			■	■	開花・人工授粉							
果実の管理					■	摘果						
収穫						■	■	■	■			
肥料		■			■				■			

植えつける場所と受粉樹選びに注意

国内で栽培されているスモモは、ニホンスモモとプルーンに分けられます。ニホンスモモは、プラムともよばれ、日本では奈良時代から栽培されています。プルーンという名前は本来、ヨーロッパスモモのうち、ドライフルーツ用の品種を指すものですが、日本ではヨーロッパスモモの総称名として使われています。

開花時期が早く、雨があたると果実が割れやすいので、晩霜の心配がなく、6～9月の降雨量が少ない地域が適地です。植えつけの際には日あたりと水はけがよい場所を選ぶことがポイントです。また、受粉樹を選ぶ際にも注意が必要です。開花期の相性のほか、遺伝的な相性が合わないと機能しません（→P115）。

スモモは酸っぱい果物というイメージがあるかもしれませんが、十分完熟させれば、酸味よりも甘味を強く感じることができます。果皮には独特のえぐみがあるので、気になる場合はむいてから食べましょう。

■品種

品種名	受粉樹	収穫期 6月	収穫期 7月	収穫期 8月	収穫期 9月	果実重（g）	特徴
ニホンスモモ							
大石《おおいし》早生《わせ》	必要	■	■			50	早生品種の定番。梅雨時期に成熟するので、果実品質が天候に左右されやすい。
ビューティ	不要	■	■			40	受粉樹が不要。花粉が多いので、'大石早生'などの品種の受粉樹に向く。
貴陽《きよう》	必要		■	■		200	極大果で、食味もよいので人気がある。受粉樹には'ハリウッド'が向く。
太陽《たいよう》	必要			■		150	大果で食味が良好。雨にあたると果実が割れる恐れがある。受粉樹には'ハリウッド'が向く。
プルーン							
スタンレイ	不要			■	■	50	果皮は黒紫色で外観が美しい。食味もよい。
サンプルーン	不要				■	30	小果だが、甘味が強い品種。実つきがよく、育てやすい。

※ニホンスモモとプルーンは開花時期が合わないことが多く、互いの受粉樹としては利用しにくい。

主枝２本を中心に、開心自然形（→P11）に仕立てる。

■植えつけと仕立て
（開心自然形仕立て）

１年目（植えつけ）

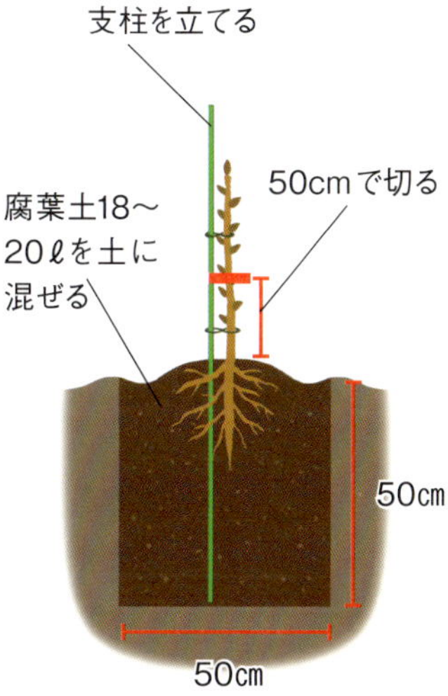

時期

11 ～ 3月（厳寒期を除く）

ポイント

日あたりと水はけがよい場所に植える。棒苗は50cm程度で切り返して枝の伸びを促す。受粉樹が必要な品種は近くに植える。

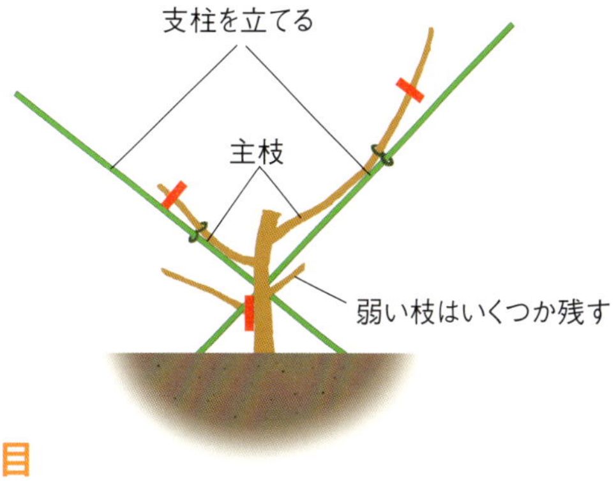

２年目

骨格となる枝（主枝）２本を選び、支柱を立てて斜めに誘引する。ほかの弱い枝のいくつかは木が大きくなるまで残しておく。

3～４年目以降

主枝が開いたら、なるべく横向きの枝を残して枝先を切り返し、果実がつく短い枝（短果枝）の発生を促す。

作業と生育のサイクル

ポイント

- 受粉樹が必要な品種は近くに植える。
- 摘果して果実の肥大を促す。
- 長い枝（長果枝）よりも短い枝（短果枝）に花芽がつきやすい。

1 人工授粉

3月下旬～4月

毎年実つきが悪い場合は人工授粉をする。別の品種の花を摘み、雄しべをほかの花の雌しべにこすりつける。または、異なる品種の花を乾いた絵筆などで交互に触れる。

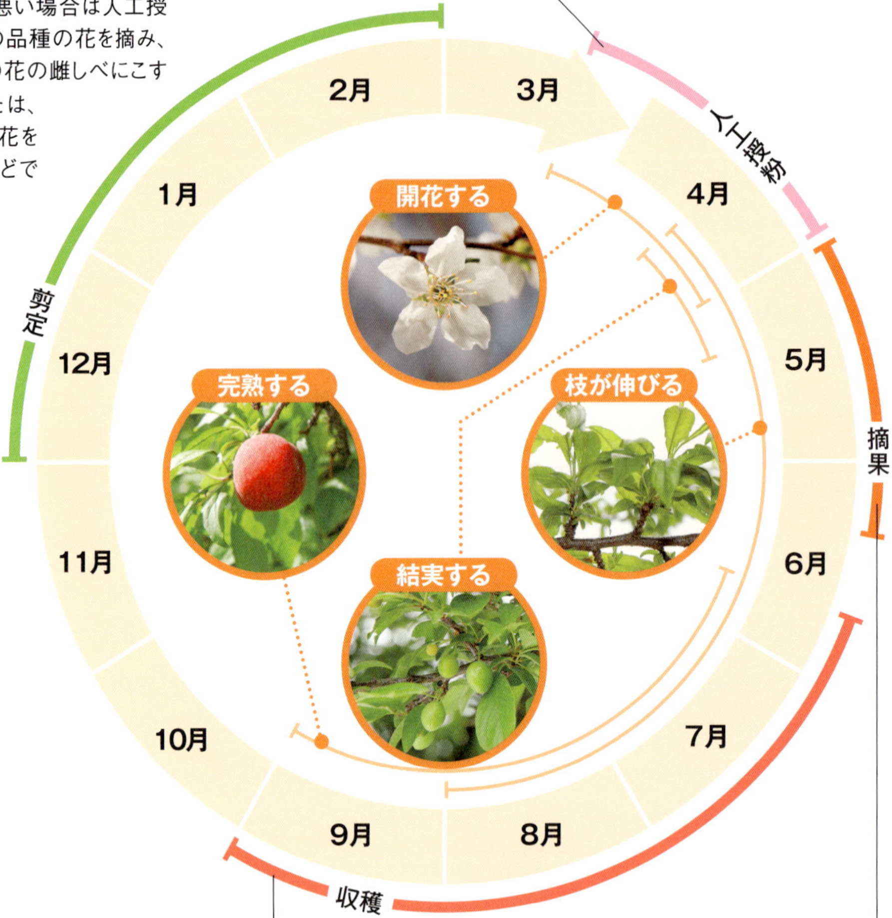

2 摘果

5～6月上旬

果実がビー玉大になったら、葉16枚に1果（果実の間隔8cm）を目安に摘果をする。

3 収穫

6月下旬～9月

色づいて完熟した果実から順に手で摘み取る。未熟なまま収穫すると酸味が強くなる。果皮に少しえぐみあるので、気になる場合はむいて食べる。

4 剪定

12～2月

■枝の伸び方と果実がつく位置

2月下旬

純正花芽(→P22)

花芽は伸びた枝の全域につく。大きいのが花芽、小さいのが葉芽だが、芽が元々小さいので区別がやや難しい。

短い枝(短果枝)や、さらに短くて芽がいくつも集まった枝(花束状短果枝/かそくじょうたんかし)には、よい果実がなりやすい。剪定では短果枝や花束状短果枝を適度に残すとよい。

3月下旬

開花したようす。花がまず咲き、枝葉があとから伸びはじめる。実つきが悪い場合は別の品種の花で人工授粉するとよい。

4月中旬

枝が伸びるようす。開花後に葉が出てくる。枝も伸びるが、短果枝はごくわずかに伸びる。花をつけた場所に小さな果実が見える。

5月上旬

徐々に果実が肥大してきた。ビー玉大になったら8cm程度の間隔になるように摘果する。

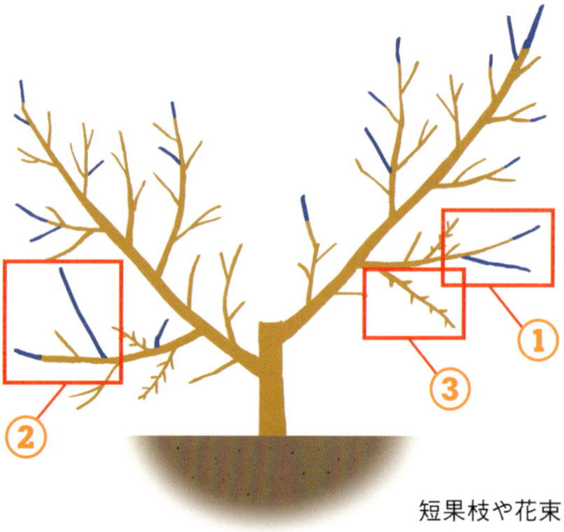

剪定の手順

① **先端の枝を 1 本に間引く**
枝の勢いを弱めないために、先端の枝を1本に間引き、先端を切り返す。

② **不要な枝をつけ根から間引く**
混み合った枝などの不要な枝を間引く。

③ **花芽を間引く**
短い枝（短果枝）が枝分かれする場合は間引く。

短果枝や花束状短果枝を多くつけるため、横向きの枝は優先的に残す。

---

① 先端の枝を 1 本に間引く

枝の先端がいくつか枝分かれしていたら、まっすぐで充実した1本の枝を残して間引く。残した枝は、枝先から1/3ほど切り返して枝の伸びを促す。

---

③ 花芽を間引く

短果枝や花束状短果枝（→P117）が枝分かれして花芽が多すぎる複数の枝が出る場合は、つけ根付近の花芽を残して間引く。

② 不要な枝をつけ根から間引く

混み合った枝や真上に伸びる強い枝などをつけ根から間引き、風通しをよくして木の内側まで光があたるようにする。

■剪定前後

先端の枝を１本に間引いて切り返し、真上に伸びる長い枝を間引いた。残した花束状短果枝に果実がなる。

■病害虫対策

病害虫名	発生時期	症状	防除法
灰星病《はいほしびょう》	５～９月	収穫直前の果実に褐色の斑点が発生し、やがて灰色の粉状の胞子の塊が果実全体を覆う。	発病部位は見つけ次第、取り除く。ミイラ化した果実を残すと翌年も発生しやすいので注意する。
シンクイムシ類	５～９月	モモノゴマダラメイガなどが果実や枝の先端を食害する。	果実袋をかける。枝の先端を観察して、見つけ次第、取り除く。
カイガラムシ類	６～10月	ウメシロカイガラムシなどが枝に寄生し吸汁する。	見つけ次第、歯ブラシなどでこすり落とす。冬にマシン油乳剤を散布すると効果的。

鉢植え栽培

庭植えと同じように、開心自然形（→P11）に仕立てる。

鉢植え栽培にして、軒下などの雨のあたらない場所に置くと、灰星病などの病気はほとんど発生しない。

DATA

■用土

「果樹・花木用の土」がおすすめ。入手できなければ、「野菜用の土」:鹿沼土（小粒）＝７:３の割合で混ぜて使う。また、鉢底石を鉢底に3cmほど敷き詰める。

■植えつけ（鉢の目安：８～15号）

P10参照。棒苗より大苗のほうがおすすめ。

■置き場

春から秋は直射日光が長くあたる場所がよい。加えて軒下などの雨があたらない場所に置くと病気が発生しない。

■水やり

鉢土の表面が乾いたらたっぷりと水やりする。

■肥料

８号鉢（直径24cm）なら、油かすを２月に20g、化成肥料を５月と９月にそれぞれ8g与える。

■管理作業

P116～119参照。

ナシ

DATA

科属名	バラ科 ナシ属
形態	落葉高木
樹高	3m程度 最大10m
耐寒気温	−20℃
土壌pH	6.0〜6.5
花芽	混合花芽
隔年結果	しにくい

受粉樹

必要

難易度

難しい

肥料（庭植え）

枝葉が茂る範囲が直径1m未満の木なら油かすを2月に200g、化成肥料を5月に45g、9月に30g施す。

栽培カレンダー

	1月	2月	3月	4月	5月	6月	7月	8月	9月	10月	11月	12月
植えつけ	■	■	■	（厳寒期を除く）							■	■
枝の管理	■	■	剪定		■ 摘心						剪定	■
花の管理				■ 開花・人工授粉								
果実の管理				摘果	■	■						
						■	■	袋かけ				
収穫								■	■	■		
肥料		■			■				■			

家庭では棚ではなく立ち木で育てるとよい

国内で栽培されているナシは、ニホンナシとセイヨウナシに大別できます。ニホンナシは、シャリシャリとした歯ごたえとみずみずしさが特徴で、柑橘類《かんきつるい》、リンゴに次いで生産量が多い果樹です。セイヨウナシは収穫後に2週間ほど追熟させ、甘くねっとりとした舌触りを楽しみます。

病害虫に弱く、作業についても注意すべきポイントが多い果樹です。まず受粉樹は、開花期や遺伝的な相性がよい品種を選ぶようにしましょう（↓P121）。相性がよい品種間で人工授粉すると実つきがよくなります。市販品のような大きな果実にするには、摘果が必須の作業です。

枝を水平に倒すことで花芽がつき、果実がなりやすくなるので、生産農家（とくにニホンナシ）のほとんどが棚で育てています。しかし、棚への仕立てや剪定は難易度が高いので、家庭では立ち木で育てることをおすすめします。棚栽培と同様に、枝を水平に倒すことがポイントです。

品種

品種名	相性がよい受粉樹	収穫期			果実重（g）	特徴
		8月	9月	10月		
ニホンナシ						
幸水《こうすい》	豊水、あきづき				300	甘味が強く、ジューシーな定番品種。剪定では枝を若返らせるのがポイント。
豊水《ほうすい》	幸水、王秋				350	甘味に加え、酸味も豊かな品種。果肉にみつが入ると歯触りが悪くなる。
あきづき	幸水、王秋				500	大果で甘味が強い。比較的新しい品種で、全国で栽培されはじめている。花芽がつきにくい。
王秋《おうしゅう》	豊水、あきづき				650	'新高'に代わって広まっている晩生品種。酸味や香りが強い。'幸水'の受粉樹には不向き。
セイヨウナシ						
ラ・フランス	ル・レクチェ、幸水				250	さび果（→P25）が多く外観はやや汚いが、食味や肉質、香りが優れた定番品種。
ル・レクチェ	ラ・フランス、幸水				350	果実はひょうたん形で、食味や香りが極めてよい品種。

※相性は、開花期の相性と遺伝的な相性から判断した。

主枝3～4本を中心に、高さをおさえた開心自然形（→P11）に仕立てる。難易度は高いが棚仕立て（→P11）でもよい。

植えつけと仕立て
（開心自然形仕立て）

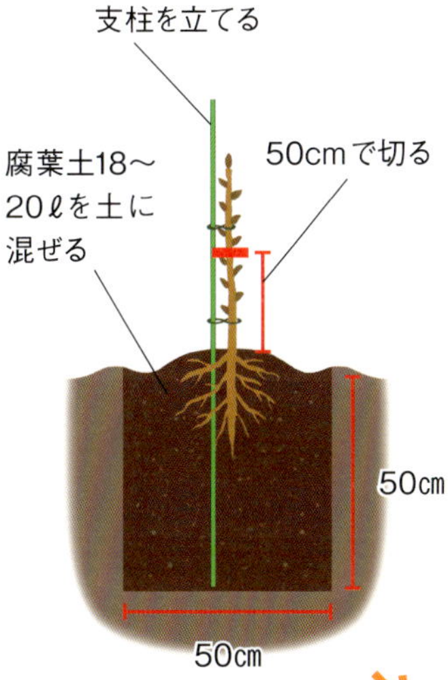

1年目（植えつけ）

時期

11～3月（厳寒期を除く）

ポイント

日あたりと水はけがよい場所に植える。夏に乾燥が続くようなら水やりをして根を乾燥させないようにする。家庭では棚を使わず、立ち木で育て、開心自然形仕立てにすると剪定が簡単。

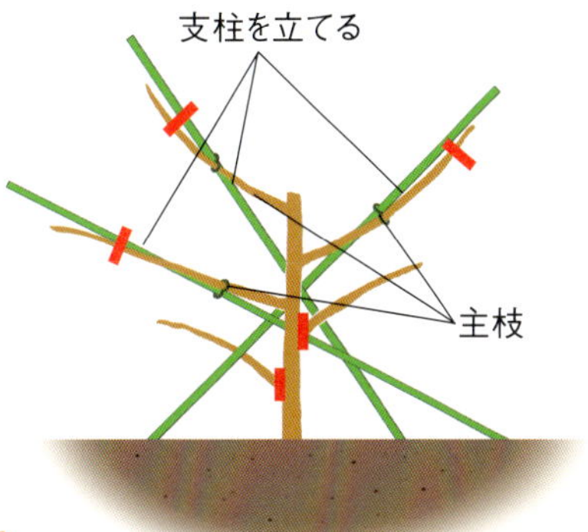

2年目

骨格となる枝（主枝）3～4本を選び、先端を切り返し、支柱を立てて斜めに誘引する。ほかの弱い枝はつけ根から切り取る。

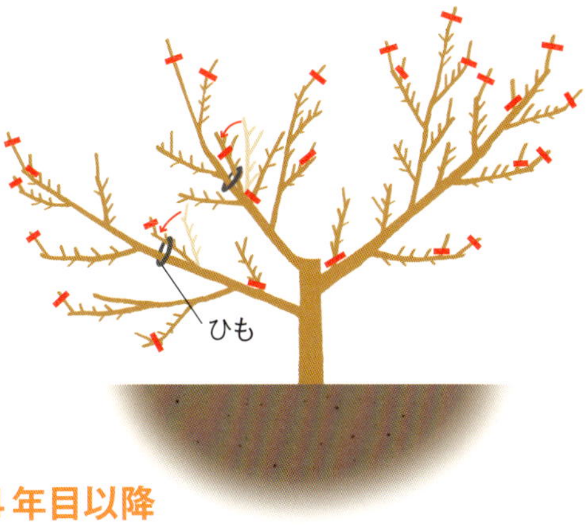

3～4年目以降

主枝が開いたら、なるべく横向きの枝を残して枝先を切り返し、果実がつく短い枝（短果枝）の発生を促す。

■作業と生育のサイクル

ポイント

- ●相性がよい受粉樹を近くに植える。
- ●摘果すれば大きな果実を収穫できる。
- ●大木になりやすいので、剪定でコンパクトにする。
- ●短い枝（短果枝）をつけるため、枝を水平に倒す。

1 人工授粉（→P123）

確実に受粉させるため、異なる品種の花粉をこすりつける。

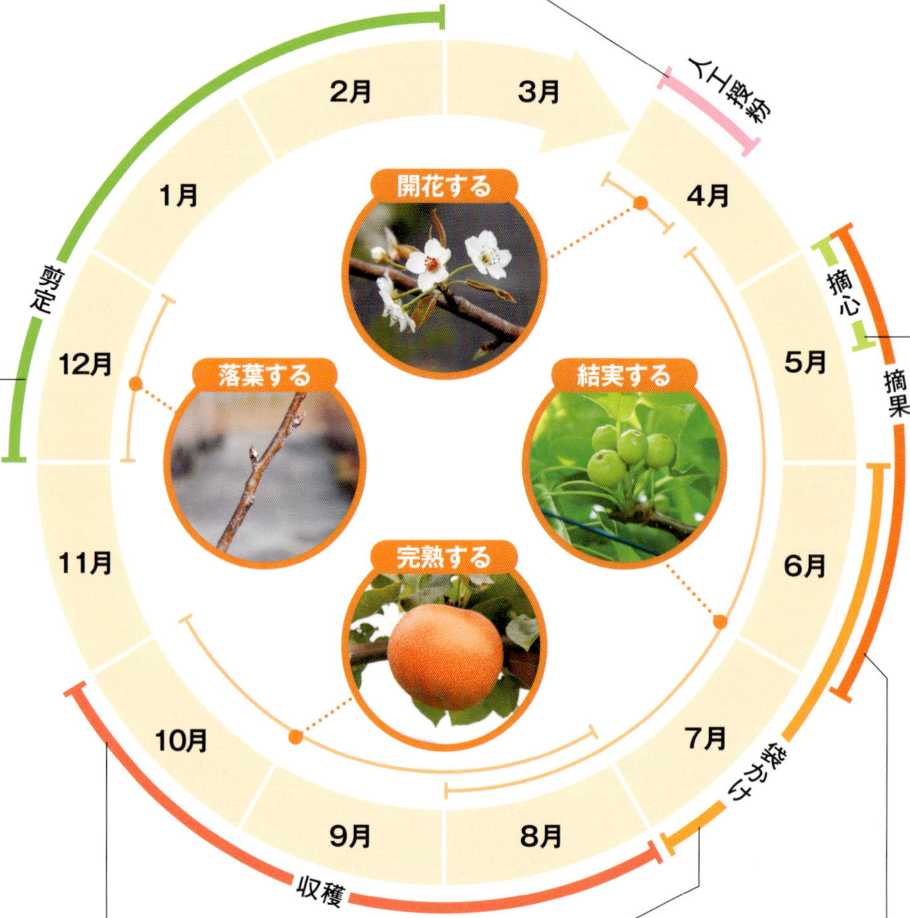

5 収穫（→P124）

青みが抜けて完熟した果実を順次収穫する。

4 袋かけ（→P124）

果実袋をかけて病害虫から守る。

2 摘果（→P123）

果実を大きくするため、なりすぎた果実を間引く。

6 剪定（→P125）

コンパクトな木を目指して枝を切る。

3 摘心（→P124）

枝の不要な伸びをおさえるために先端を切る。

管理作業

1 人工授粉

4月上旬~中旬

人工授粉して確実に受粉させる。別の品種の花を摘み、雄しべをほかの花の雌しべにこすりつける。1個の花で10個程度の花を受粉できる。異なる品種の花を乾いた絵筆などで交互に触れてもよい。品種間の相性に注意する。

2 摘果

5～6月

1 果実は1カ所(1果そう)に複数つくので、まずは1カ所あたり1果になるように摘果する。葉のついていない果そうの果実はすべて間引く。

↓

2 次に葉25枚あたり1果(3～4果そうあたり1果)を目安に摘果する。

優先して間引く果実

摘果では形がよく正常な果実を残す。写真は右から正常な果実、萼(がく)が残る果実(有てい果)、傷のある果実、小さい果実、受精しなかった果実。

3 摘心

レベルアップ

5月上旬～中旬

枝の不要な伸びをおさえることで枝が充実し、花芽が多くつくようになる。
剪定時に残した横向きの枝の途中から発生する枝は、葉5～6枚で切る。枝の先端や、骨格となる枝（主枝・亜主枝）から伸びる枝の摘心は不要。

4 袋かけ

6～7月

病害虫から守るため、果実に市販の果実袋をかける。
すき間があかないように、付属の針金をしっかり巻きつける。

5 収穫

8～10月

1 全体に青みが抜けたら収穫する。果実を支え、上に持ち上げると収穫できる。色だけで判断できないときは味見もするとよい。

2 果梗（果実のついた軸）が果実に残っているとほかの果実にあたって傷つける可能性があるので、注意深くハサミで切る。西洋ナシは収穫後、10～15℃で2～3週間追熟させる。

6 剪定

12～2月

枝の伸び方と果実がつく位置

2月上旬

混合花芽(→P22)

花芽は伸びた枝の全域につく。花芽と葉芽は区別できる。

大きい芽が花芽、小さい芽が葉芽。一般的には、写真のような短い枝(短果枝)の先端につく花芽を利用することが多い。短果枝は横向きの枝につきやすい。短果枝が枯れにくい‘豊水’や‘王秋’などはおもに短果枝を利用する。短果枝が２～３年で枯れやすい‘幸水’や‘あきづき’などは、長く伸びた枝(長果枝)のうち、花芽が多くついた枝を水平に倒して利用することが多い。

3月下旬

萌芽後、数日経ったようす。蕾(つぼみ)と若い葉が見られる。ひとつの花芽(花そう)から8～10個程度の蕾がついている。

4月上旬

開花したようす。開花したら、相性がよい品種の花で人工授粉をするとよい。

5月上旬

果実がついたようす。そろそろ摘果をはじめる時期。混合花芽なので、伸びた枝葉に果実がなる。写真のように1cm程度で枝の成長が止まったら、短果枝として翌年も利用できる。長く伸びそうなら、摘心するとよい。

剪定の手順

① 真上に伸びる枝を間引いて倒す
骨格となる枝(主枝・亜主枝)から出る真上に伸びる枝を間引いて倒し、枝先を切り返す。

② 不要な枝をつけ根から間引く
混み合った枝などの不要な枝を間引き、残った枝の先端を切り返す。

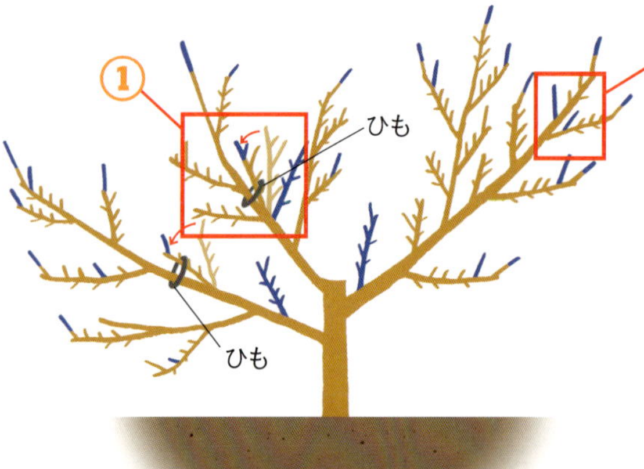

枝を横に倒し、短い枝(短果枝)がつきやすくする。先端を切り返して枝の伸びを促す。

① 真上に伸びる枝を間引いて倒す

1 枝を倒すことで、枝の不要な伸びがおさえられ、短い枝(短果枝)がつきやすくなる。まずは主枝や亜主枝から真上に伸びる枝を間引く。1カ所から伸びる枝は3本までにするとよい。

2 ひもを使って残した枝を倒す。ひもの一方は、下にある太い枝や地面に打った杭などに固定するとよい。倒した枝を何年も利用すると、途中についた短果枝から枝葉が伸びなくなり枯れはじめる。短果枝が少なくなったら、倒した枝をつけ根で間引き、新たな枝を倒す。'豊水'や'王秋'は短果枝のサイクルが長いが、'幸水'や'あきづき'は短い。

3 倒した枝の先端から1/3程度切り返して枝の伸びを促す。下向きについた芽の上(外芽)で切ると枝の不要な伸びが少ない。

② 不要な枝をつけ根から間引く

混み合った枝や平行枝、真上に伸びる長い枝（徒長枝）などの不要な枝をつけ根から間引き、先端の枝から1/3程度切り返す。

■病害虫対策

病害虫名	発生時期	症状	防除法
黒星病《くろほしびょう》	4～11月	枝、葉、果実に円形で黒色の斑点ができる。	発生初期に被害部を取り除いて処分する。剪定時に病原菌が潜んでいる枯れ枝を処分する。
赤星病《あかほしびょう》	4～9月	梅雨前後に葉の裏に毛のようなもの（毛状体）が現れ、9月以降は黒く変色する。	毛状体が成長する前に感染した葉を取り除く。宿主となるビャクシン類を近くに植えない。
ケムシ類	6～10月	モンクロシャチホコやアメリカシロヒトリなどのガの幼虫が若い葉を食べる。	枝の先端を観察し、見つけ次第、捕殺するか殺虫剤を散布する。
シンクイムシ類	4～10月	4～6月は枝の先端に寄生する。7月以降は果実内部に侵入して食い荒らす。	果実袋をかける。枝の先端を観察して、見つけ次第、捕殺する。

受粉樹を近くで育て人工授粉すると結実する。

鉢植え栽培

鉢植え栽培にして、軒下などの雨のあたらない場所に置くと、黒星病など病気はほとんど発生しない。

DATA

■用土

「果樹・花木用の土」がおすすめ。入手できなければ、「野菜用の土」:鹿沼土（小粒）＝7:3の割合で混ぜて使う。また、鉢底石を鉢底に3cmほど敷き詰める。

■植えつけ方法（鉢の目安：8～15号）

P10参照。棒苗より大苗のほうがおすすめ。

■置き場

春から秋は直射日光が長くあたる場所がよい。軒下などの雨があたらない場所に置くとよい。

■水やり

鉢土の表面が乾いたらたっぷりと水やりする。

■肥料

8号鉢（直径24cm）なら、油かすを2月に35g、化成肥料を5月に10g、9月に8g与える。

■管理作業

P123～127参照。

ビワ

DATA

科属名	バラ科 ビワ属
形態	常緑高木
樹高	3m程度 最大10m
耐寒気温	−13℃ （果実は−3℃）
土壌pH	5.5〜6.0
花芽	純正花芽
隔年結果	しにくい

受粉樹

不要

難易度

ふつう

肥料（庭植え）

枝葉が茂る範囲が直径1m未満の木なら油かすを9月に150g、化成肥料を3月に45g、6月に30g施す。

栽培カレンダー

	1月	2月	3月	4月	5月	6月	7月	8月	9月	10月	11月	12月
植えつけ		■	■									
枝の管理			芽かき	■		芽かき	■	剪定	■	■	芽かき	
花の管理	■	■	摘蕾・摘花						摘蕾・摘花	■	■	■
果実の管理			■	■ 摘果・袋かけ								
収穫					■	■						
肥料			■			■			■			

寒さ対策と摘果で大きな果実になる

初夏の風物詩、ビワ。庭先にたわわに実る小さな果実が印象的な果樹です。なぜ庭先のビワは市販のものと比べて小さいのでしょうか。

家庭で育てた果実が小さい理由のひとつは、冬の寒さです。ビワは、晩秋から冬にかけて開花し、小さな果実の状態で越冬する珍しい果樹です。木自体はマイナス13℃まで耐えるといわれていますが、果実はマイナス3℃を下回ると大部分のタネがだめになり、大きくなりません。この温度を下回る地域では鉢植えで育て、冬は屋内に取り込みましょう。

ふたつめは摘果です。寒さを乗り越えた果実を3〜4月頃に間引くことで、さらに大きくすることができます。このように寒さ対策と摘果を行うことで、家庭でも大きな果実を収穫することができます。

通常の果樹は、冬から初春にかけて剪定しますが、その時期に果実がついているビワは、枝葉の生育がゆるやかな9月に剪定しましょう。

品種

品種名	樹姿	収穫期		果実重(g)	特徴
		5月	6月		
長崎早生《ながさきわせ》	直立性	●		50	早生品種で酸味が弱く香りが強い。食味もよい。開花期が早く、果実は寒害に弱い。
なつたより	直立性	●	●	60	新品種で、甘味が強く果肉がやわらかいのが特徴。早生品種のなかでは大果。
麗月《れいげつ》	直立性	●	●	50	新品種。ビワには珍しく、自分の花粉では実つきが悪いので、他品種と一緒に育てたい。
福原《ふくはら》びわ	直立性	●	●	80	クイーン長崎という別名で出回る、極大果品種。食味はやや淡白だが、特徴的な香りを持つ。
茂木《もぎ》	直立性	●	●	45	代表的な品種で、日本でもっとも生産量が多い。小果だが、甘味が強く多汁。
大房《おおふさ》	開張性		●	80	開花期が遅く、果実の耐寒性がもっとも強い品種。食味はやや淡白だが極大果。
田中《たなか》	開張性		●	70	‘茂木’と並んで代表的な品種。開張性で仕立てやすい。晩生だが大果で耐寒性が強い。

※直立性：枝が真上に伸びるタイプ　　開張性：枝が横に開いて伸びるタイプ

放任すると木が大きくなりすぎるので、変則主幹形(→P11)に仕立てて、高さをおさえる。

植えつけと仕立て
(変則主幹形仕立て)

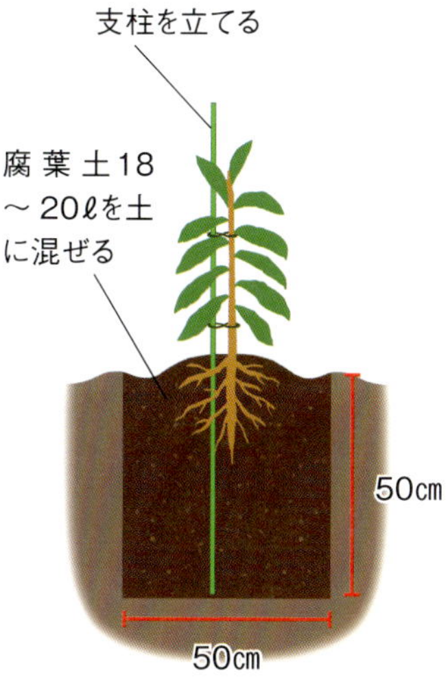

1年目(植えつけ)

時期

2月中旬～3月

ポイント

以前にほかの果樹が白紋羽病(しろもんぱびょう)にかかって枯れた場所には、植えないようにする。細い根が少ないので、太い根は軽く切り返し、広げて植えつけるとよい。深植えにならないように注意する。

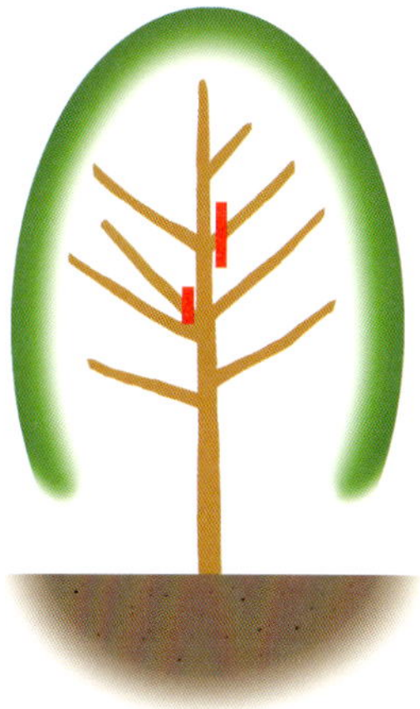

2～3年目

同じ場所から何本も枝分かれしている枝を間引く程度の剪定でよい。

4年目以降

木の先端を切って樹高を下げる。1年で大きく切りすぎないで、何年かに分けて少しずつ切り下げる。

■作業と生育のサイクル

ポイント

- 11～12月にかけて開花し、果実が越冬する珍しい果樹。
- 冬に－3℃以下になると果実が傷み、落ちる。
- 春に摘果しないと果実は大きくならない。
- 剪定は枝葉の生育がゆるやかな9月に行う。

1 摘蕾《てきらい》・摘花《てきばな》（→P131）

できるだけ早めに間引いて養分ロスを防ぐ。

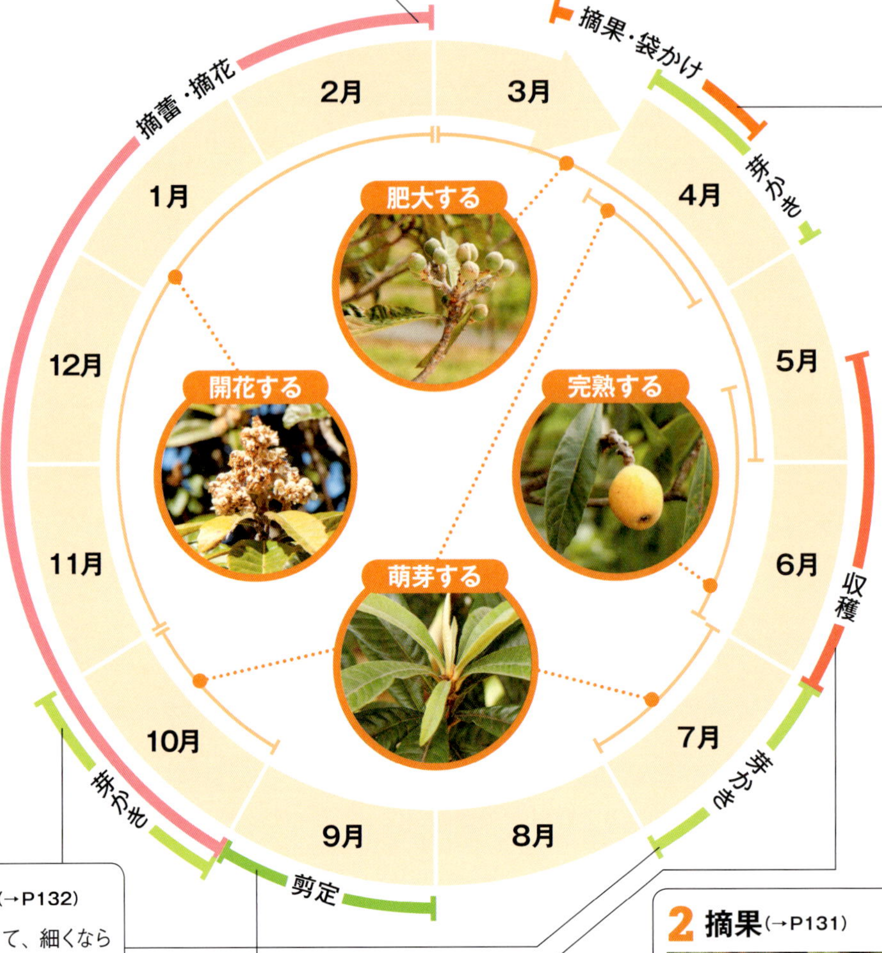

2 摘果（→P131）

果実の品質をよくするために行う。

3 袋かけ（→P131）

果実袋をかけて、病害虫などから果実を守る。

4 芽かき（→P132）

枝が混み合って、細くならないように間引く。

5 収穫（→P132）

完熟したものを選んで収穫する。

6 剪定（→P133）

全体の1～3割の枝葉を切る。

管理作業

1 摘蕾《てきらい》・摘花《てきばな》

10～2月

ひとつの花房に100個程度の花が咲くため、蕾(つぼみ)や花の段階で間引いて養分ロスを少なくするのが目的。早いほど効果的だが、開花後でもよい。
寒さに強く、果実袋をかけやすい下の段の軸2～3本のみを残して、上の段の蕾や花はばっさりと間引く。摘蕾・摘花後は、てんびんのような形の花房が残るのが理想的。'茂木'や'長崎早生'のように果実が小さく、花が上向きに咲く品種は、上の2～3段を残してもよい。

2 摘果

3月中旬～4月中旬

3月中旬頃には、受粉・受精して寒さに耐えた果実だけが大豆くらいの大きさになり、枯れたものとの区別がつくようになる。甘く大きな果実になるように摘果する。
'田中'のように果実が大きな品種はひとつの軸に1～2果、'茂木'のように果実が小さい品種は3～4果程度に間引く。1果あたりの葉の数は25枚程度を目安にする。

3 袋かけ

3月中旬～4月中旬

果実の表面はデリケートなので、病害虫や風などの傷から守るために果実袋をかけるとよい。
摘果した果実に市販の果実袋をかける。1果ずつ果実袋をかけていくのが基本。'茂木'のように果実が小さい品種は、ブドウなどで使用する大きな果実袋を果房ごとかけてもよい。

4 芽かき　レベルアップ

4月、7月、10月

1カ所から２～５本程度の枝が伸びる。すべて残すと、混み合ってそれぞれの枝が細くなるので早いうちから間引くとよい。枝が伸びる4月、7月、10月に行う。
1カ所で枝２本程度になるように間引く。早い時期であれば手で摘み取ることができる。

---

5 収穫

5月中旬～6月

1 完熟した果実は酸味が十分に抜けて美味しい。果実袋を取って、色づき具合を確かめてから収穫する。

2 軸を支えて上に持ち上げると、ハサミがなくても収穫できる。果実の表面はデリケートなので傷をつけないように注意する。

果実はへそからむく

バナナのように、果梗（果実のついた軸）から皮をむきたくなるが、果頂部（へそ）からむくとつるんときれいにむける。

6 剪定

9月

■枝の伸び方と果実がつく位置

10月中旬

純正花芽（→ P22）

枝の先端に花芽がつく。花芽と葉芽の区別はつきにくい。

10月頃に枝の先端から蕾（つぼみ）が現れる。剪定適期の9月の段階では、どこに蕾がつくのか見た目では判断がつかない。このため、剪定時にすべての枝の先端を切り返さないようにする。

12月中旬

1花の開花期間は1週間足らずだが、1花房に100個程度の花がつくため、11 ～ 2月の長期間にわたって開花する。写真の花房は摘蕾したため、軸が3本しかない。

3月下旬

気温の上昇とともに越冬した果実が肥大しはじめる。この頃になると生育する果実と生育しない果実の区別がつくようになる。摘果するとさらに肥大する。

5月上旬

果実がさらに肥大し、その後成熟する。摘果した果梗のあとからは、春枝が発生している。7月頃、この春枝の先端に花芽がつくと翌年も開花・結実する。ただし、このように果実がついた枝の先端よりは、果実がつかなかった春枝のほうが翌年結実しやすい。

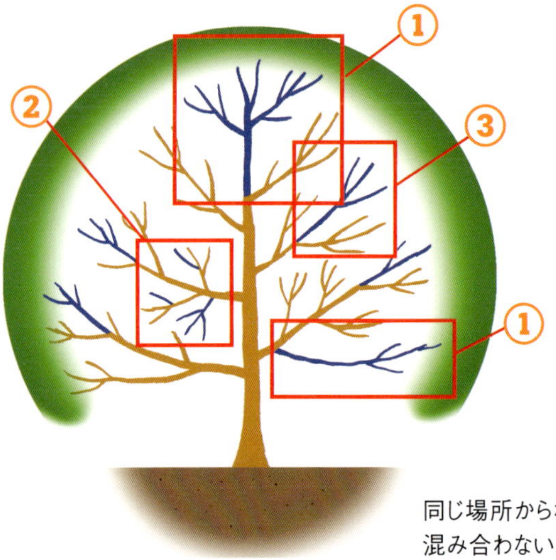

同じ場所から枝が複数出るので、
混み合わないように剪定する。

■剪定の手順

① 木の広がりをおさえる
枝が広がりすぎたら、枝分かれしているところまで切り詰める。

② 枝分かれは１カ所２～３本に間引く
枝が複数出たら、１カ所２～３本になるように間引く。

③ 葉が少ない古い枝は間引く
つけ根付近の葉が落ちて弱った枝はつけ根から間引いて新しい枝に更新する。

---

① 木の広がりをおさえる

大木になりやすいので、上や横への広がりをおさえる必要がある。
広がりをおさえるには、枝分かれしているところまで切り詰める。枝の途中で切ると、長く太い枝が出てくるので注意する。上への広がりも同様に枝分かれしているところまで先端を切り詰める。

---

③ 葉が少ない古い枝は間引く

何年も枝を伸ばして使用すると、つけ根付近の葉が落ちて徐々に果実がつかなくなる。
葉が少なくなった古い枝は、つけ根から間引いて新しい枝に更新する。

② 枝分かれは１カ所２～３本に間引く

ビワは１カ所で何本も枝分かれ（車枝）しやすい。枝分かれが多いと、それぞれの枝が細くなって実つきが悪くなる。
１カ所あたりの枝分かれが、２～３本になるように間引く。芽かき（→P132）を徹底していれば、この作業は必要ない。

■剪定前後

常緑果樹のビワは、落葉果樹のようにスカスカになるほど枝を減らしてはいけない。剪定によって、全体の1～3割の枝葉を取り除き、葉が触れ合わない程度にする。

■病害虫対策

病害虫名	発生時期	症状	防除法
がんしゅ病	5～10月	枝には黒褐色のこぶ状の病斑が、果実には黒いコルク状の斑点が発生する。	傷口から感染するので、剪定後の切り口に癒合促進剤を塗り、ほかの病害虫に注意する。
白紋《しろもん》羽《ば》病《びょう》	6～10月	異常落葉して、木全体が枯死する。地際付近の根や幹には白い菌糸が見られる。	木が衰弱しはじめたら、根を掘り起こして白い菌糸の有無を確認し、殺菌剤で土壌を消毒する。
アブラムシ類	5～9月	ナシミドリオオアブラムシは、葉の主脈に沿って集団で並んで吸汁する。	葉や枝の先端を観察し、見つけ次第、捕殺するか殺虫剤を散布する。

冬の温度管理がしやすく、木もコンパクトに育つ。

鉢植え栽培

越冬中の果実は－3℃以下になると落ちるので、寒冷地では鉢植えで育て、冬だけ室内などに取り込むとよい。

DATA

■用土

「果樹・花木用の土」がおすすめ。入手できなければ、「野菜用の土」:鹿沼土(小粒)＝7:3の割合で混ぜて使う。また、鉢底石を鉢底に3cmほど敷き詰める。

■植えつけ（鉢の目安：8～15号）

P10参照。棒苗より大苗のほうがおすすめ。

■置き場

春から秋はなるべく直射日光が長くあたる一方で、軒下などの雨があたらない場所に置く。冬は－3℃以上の場所に置かないと果実が落ちる。

■水やり

鉢土の表面が乾いたらたっぷりと水やりする。

■肥料

8号鉢(直径24cm)なら、油かすを9月に30g、化成肥料を3月に10g、6月に8g与える。

■管理作業

P131～135参照。

フェイジョア

DATA

科属名	フトモモ科 アッカ属
形態	常緑低木
樹高	2m程度 最大4m
耐寒気温	−10℃
土壌pH	5.0〜6.0
花芽	混合花芽
隔年結果	ややしにくい

受粉樹

品種によっては必要

難易度

やさしい

肥料（庭植え）

枝葉が茂る範囲が直径1m未満の木なら油かすを3月に150g、化成肥料を6月に45g、10月に30g施す。

栽培カレンダー

	1月	2月	3月	4月	5月	6月	7月	8月	9月	10月	11月	12月
植えつけ		■	■									
枝の管理		■	■	剪定								
花の管理					■	■	開花・人工授粉					
果実の管理								摘果 ■	■			
収穫										■	■	
肥料			■			■				■		

異国情緒豊かな果樹

南米のブラジルやウルグアイ付近が原産のフェイジョアは、熱帯果樹としても扱われることがあります。一方で、寒さに強く、マイナス10℃付近まで耐え、柑橘類《かんきつるい》が育つ地域では問題なく生育するので、常緑果樹として育てられています。

花はピンク色で、花びらが多肉質で甘く、エディブルフラワー（食用の花）としても利用されます。

緑色でかたい状態の果実を収穫するので、熟したかどうかは品種の収穫時期（→Ｐ１３７）を目安にします。縦に切ってゼリー状の果肉を食べますが、味も独特でパイナップルやバナナ、リンゴをミックスしたような味と表現されます。

病害虫に強いので庭木として人気がありますが、果実がならないケースが多いようです。受粉樹として異なる品種を植え、人工授粉さえすれば、家庭でも収穫を楽しむことができます。手軽に育てるなら受粉樹が不要な品種を選びましょう。

■品種

品種名	受粉樹	収穫期		果実重（g）	特徴
		10月	11月		
ジェミニ	不要			80	1本でも結実するが、大果を収穫するためには受粉樹としてほかの品種を植えるとよい。
アポロ	不要			120	極大果をつけ、受粉樹が不要な人気品種。食味も良好なのでおすすめ。
マンモス	必要			100	香りが強く、多汁。果肉がやわらかく、傷みやすい。木が比較的大きくなりやすいので注意。
マリアン	必要			80	果肉の香りや甘味が強い中生品種。果皮の緑色が薄いのが特徴。
トライアンフ	必要			110	卵形で果皮の表面がなめらかな大果品種。晩生だが、霜が降りる前には収穫したい。
クーリッジ	不要			90	受粉樹が不要で実つきがよい。果汁が多いが、果肉がやわらかく、やや酸味が強い。

ある程度の高さになったら、高さをおさえるために木の先端を大きく切って変則主幹形（→P11）に仕立てる。

■植えつけと仕立て
（変則主幹形仕立て）

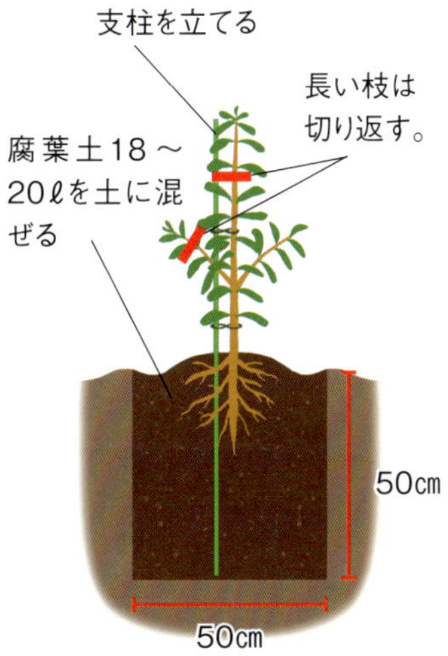

1年目（植えつけ）

時期

2月中旬～3月

ポイント

根が浅く広がる性質があり、植えつけ後しばらくは倒木する場合があるので、支柱にしっかりと固定し、長い枝は切り返す。受粉樹が必要な品種は、異なる品種も近くに植える。

2～3年目

同じ場所から多く枝分かれしていたら間引く。長い枝は切り返す。

4年目以降

木が大きくなると地際付近から枝分かれするので間引く。木の先端を大きく切って、樹高を下げる。

1 人工授粉

5月中旬～6月中旬

花を摘み、雄しべの花粉を雌しべにつける。受粉樹が必要な品種は、異なる品種の花につける。なお、花びらは甘く多肉質で食べられる。

■作業と生育のサイクル

ポイント

- 受粉樹が必要な品種は、異なる品種を近くに植える。
- 人工授粉を行うと実つきがよくなる。
- 収穫後、しばらく放置して追熟させる。

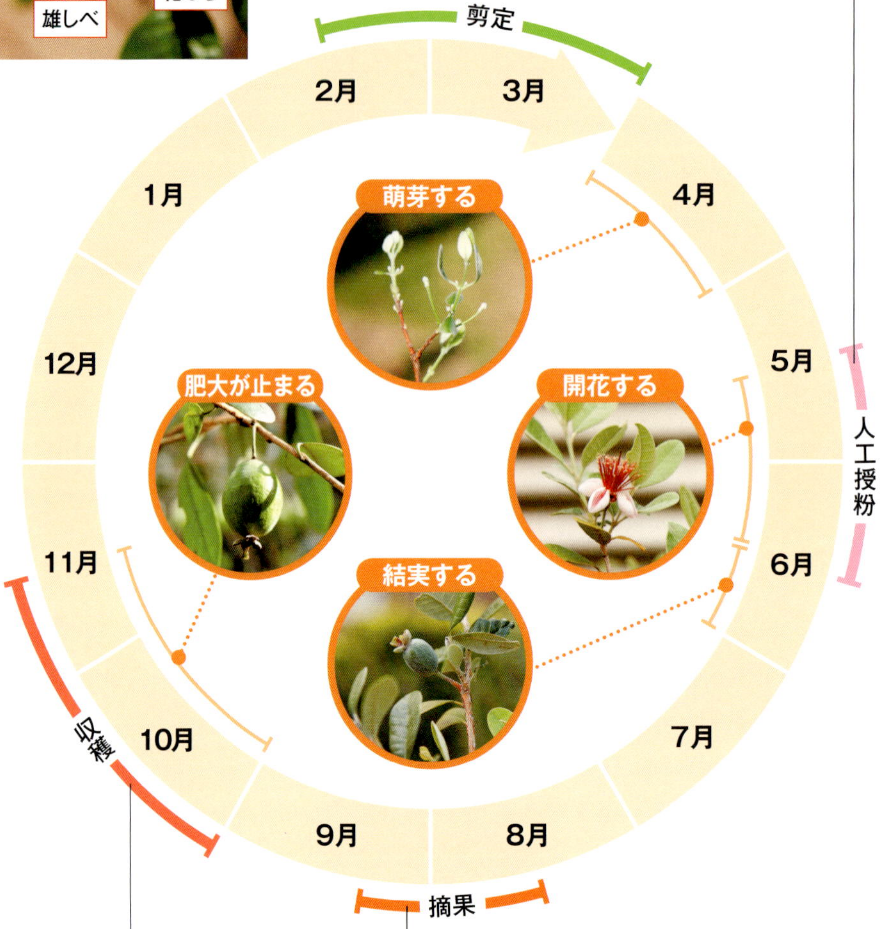

3 収穫

10～11月中旬

果色やかたさでは収穫適期は判断しにくいので、P137の「品種」の収穫時期を目安に収穫する。収穫後は常温で10日ほど放置し、追熟させる。

2 摘果

8月中旬～9月上旬

落果が終わった頃に、1枝あたり2個程度に果実を間引く。小さいものや形の悪いものを間引く。

■枝の伸び方と果実がつく位置

4 剪定

2月中旬〜3月

3月下旬

混合花芽(→P22)

花芽は枝の先端付近につく。花芽と葉芽の区別はつきにくい。

萌芽する前の状態。葉が同じ場所から2枚ずつ対になってつき、そのつけ根に芽が1芽ずつついている。通常は、充実した短い枝の先端1〜6芽(3節)程度に混合花芽がつく。花芽と葉芽は見た目では区別がつかないので、剪定時に充実した短い枝の先端を切り返さないように注意する。Aで切り返してしまうと、花芽をすべて切り取ることになり、伸びた枝には果実はつかない。
写真では先端の2枚の葉のうち、右側のつけ根につく芽が花芽だが、この時点では区別できない。左上の写真は葉芽が伸びたようす。

6月上旬

先端の2芽から枝が伸び、そのうち右の枝には花が咲いている。このように、花芽から枝葉が伸び、葉のつけ根に花が咲く。

9月下旬

果実が肥大しているようす。剪定時にAで切り返していたら、果実はならなかった。

剪定の手順

① 株元付近の枝を間引く
株元から発生した枝は果実がつきにくいのでつけ根から切る。

② 枝分かれしている部分を間引く
1カ所から複数枝が出ていたらつけ根から切り取る。

③ 枝の先端だけしか葉がない枝は切り返す
枝の先端だけに葉がついた枝は切り返して新しい枝を発生させる。

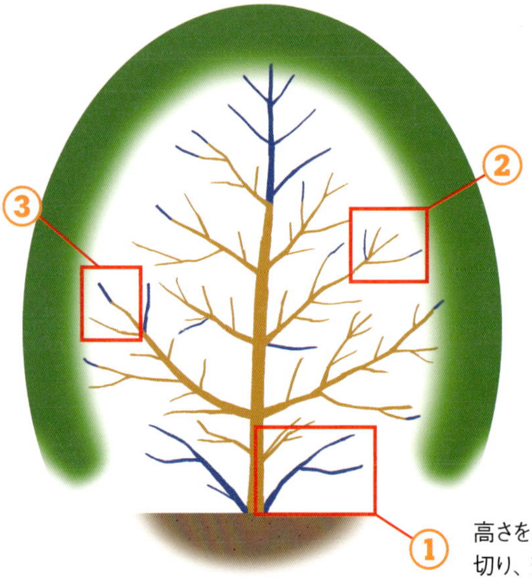

高さをおさえるために、木の先端を大きく切り、変則主幹形（→P11）に仕立てる。

② 枝分かれしている部分を間引く

1カ所から何本も枝分かれすると、それぞれの枝が細く、弱くなる。1カ所3本程度になるようにつけ根から間引く。

① 株元付近の枝を間引く

株元付近から枝が発生しやすい。立ち枝になりやすく、草刈りなどがしにくいので、つけ根から切り取る。

③ 枝の先端だけしか葉がない枝は切り返す

つけ根付近に葉がない枝は、1/2程度切り返して新しい枝を発生させる。30cm以上の長い枝も同じように切り返す。

■剪定前後

剪定によって、1 ～ 3割の枝葉を取り除き、葉が触れ合わない程度にする。

■病害虫対策

病害虫名	発生時期	症状	防除法
カイガラムシ類	5 ～ 11月	ツノロウムシなどが枝に寄生して吸汁する。周囲にすす病が発生することもある。	見つけ次第、歯ブラシなどでこすり落とす。
ハマキムシ類	5 ～ 10月	若い葉を糸でつづって巻く。巻いた葉を開くと、なかに幼虫やさなぎがいる。	見つけ次第、捕殺する。

鉢植えでは、株元付近から伸びる枝も利用する。

鉢植え栽培

庭植えと異なり、株元付近から伸びる枝のうち、横に伸びる枝を適度に残して果実をつけるとスペースが有効利用できる。

DATA

■用土

「果樹・花木用の土」がおすすめ。入手できなければ、「野菜用の土」:鹿沼土(小粒)＝7:3の割合で混ぜて使う。また、鉢底石を鉢底に3cmほど敷き詰める。

■植えつけ(鉢の目安:8 ～ 15号)

P10参照。棒苗より大苗のほうがおすすめ。

■置き場

春から秋は直射日光が長くあたる一方で、軒下などの雨があたらない場所になるべく置く。常緑果樹のなかでは寒さに強い。－10℃を下回らない地域は室内に取り込まなくても冬越しできる。

■水やり

鉢土の表面が乾いたらたっぷりと水やりする。

■肥料

8号鉢(直径24cm)なら、油かすを3月に30g、化成肥料を6月に10g、10月に8g与える。

■管理作業

P138 ～ 141 参照。

ブドウ

DATA

科属名	ブドウ科 ブドウ属
形態	落葉つる性
樹高	2〜3m程度 (棚の高さに)
耐寒気温	−20℃
土壌pH	6.0〜7.0
花芽	混合花芽
隔年結果	しにくい

受粉樹

不要

難易度

難しい

肥料（庭植え）

枝葉が茂る範囲が直径1m未満の木なら油かすを2月に130g、化成肥料を6月に40g、9月に30g施す。

栽培カレンダー

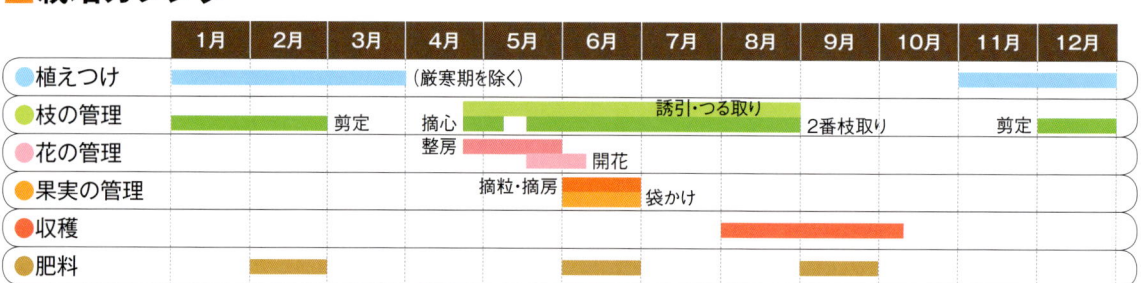

	1月	2月	3月	4月	5月	6月	7月	8月	9月	10月	11月	12月
植えつけ	━	━	━	(厳寒期を除く)							━	━
枝の管理	━	━	剪定	摘心	━ 誘引・つる取り	━	━	━	2番枝取り		剪定	━
花の管理				整房	━	開花						
果実の管理					摘粒・摘房	━	袋かけ					
収穫								━	━	━		
肥料		━				━			━			

初心者から経験者まで楽しめる

ブドウは紀元前から栽培され、一説には品種数が1万をこえるといわれています。大粒で皮ごと食べられる欧州種と、病気に強く独特の香りを持つ米国種、両者の交配種である欧米雑種に大別されます。それぞれ特徴がありますが、病気に強い品種を選ぶことをおすすめします。

枝はつる性で、おう盛に伸びるのが特徴です。海外で見かけるワイン品種のように垣根状に育てるのもよいですが、2〜4畳程度の広さの棚に、枝を誘引して仕立てるのがもっとも効率的です。

果物コーナーで売られているような美しい房を収穫するには、整房《せいぼう》や摘粒などの多くの作業を行う必要があり、難易度が高い果樹です。しかし見方を変えれば、飽きずに長く楽しむことができる果樹ともいえます。また、房の形にこだわらず、黒痘病《こくとうびょう》やべと病などの病気にさえ気をつければ、初心者でも収穫を楽しむことができます。

■品種

品種名	系統	耐病性	収穫期		果色	果粒サイズ	特徴
			8月	9月			
デラウェア	欧米雑種	強			赤	小	小粒だが甘味が強い定番品種。病気に強く、枝が伸びすぎないので育てやすい。
サニールージュ	欧米雑種	中			赤	中	近年人気の早生品種。'デラウェア'より果粒が大きく、独特の香りがある。
シャインマスカット	欧米雑種	中			黄緑	大	マスカットの香りを持ち、皮ごと食べられる人気品種。手間をかけないと美しい房にはならない。
巨峰《きょほう》	欧米雑種	中			黒	大	おなじみの品種で苗木の入手が容易。実つきが悪いので、ジベレリン処理（→P147）を行いたい。
ピオーネ	欧米雑種	中			黒	大	'巨峰'に似ているが、うまく育てればより大粒になる。ジベレリン処理（→P147 ）で実つきがよくなる。
キャンベルアーリー	米国種	強			黒	中	病気に強く、実つきもよいので初心者におすすめ。酸味があるのでジュースにも向く。
ロザリオビアンコ	欧州種	弱			黄緑	大	皮ごと食べられる高級品種。病気に弱いので、鉢植えで育て、雨があたらない場所に置きたい。

大きな棚に一文字仕立て（→P11）で育てているブドウ。

■植えつけと仕立て（一文字仕立て）

1年目（植えつけ）

時期

11 ～ 3月（厳寒期を除く）

ポイント

市販の棚を設置し、一文字仕立てとオールバック仕立て（→P83）のいずれかで育てる。一文字仕立ては棚の中央付近に苗木を植え、伸びた枝を棚の上に誘引する。

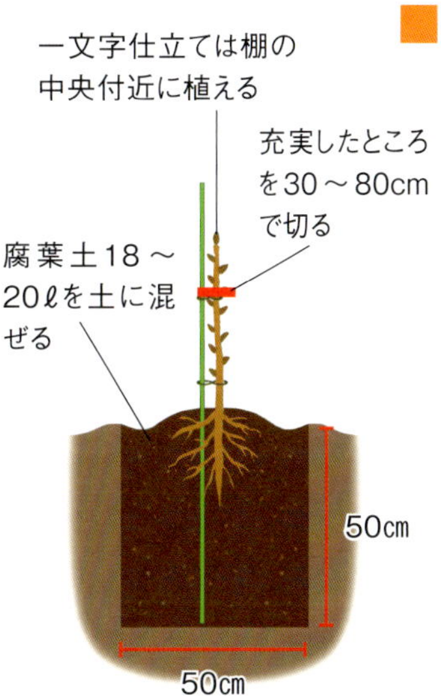

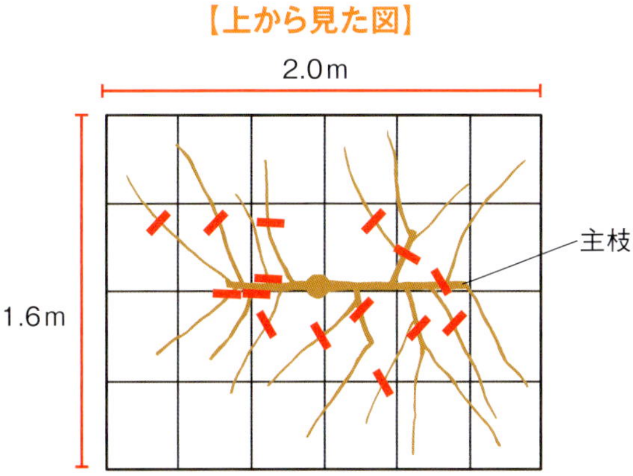

4年目以降

骨格となる枝（主枝）が一文字になるように仕立てる。2畳（3.3㎡）程度の広さの棚なら、8本程度の枝を残す（1㎡あたり2本程度）。なるべく若い枝に更新する。

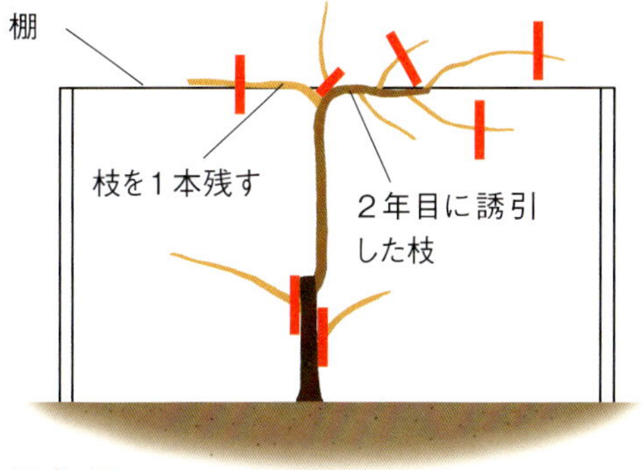

2～3年目

2年目は、充実した1本の枝を残して棚の上まで誘引する。3年目は2年目に誘引した枝と反対側の枝を1本残し、一文字に仕立てる。

ポイント

- 病気に強い品種を選べば、栽培の難易度が下がる。
- 枝が伸び次第、棚に誘引する。
- 実つきの悪い品種はジベレリン処理（→P147）をする。
- 剪定では、つけ根付近の枝に更新する。

■作業と生育のサイクル

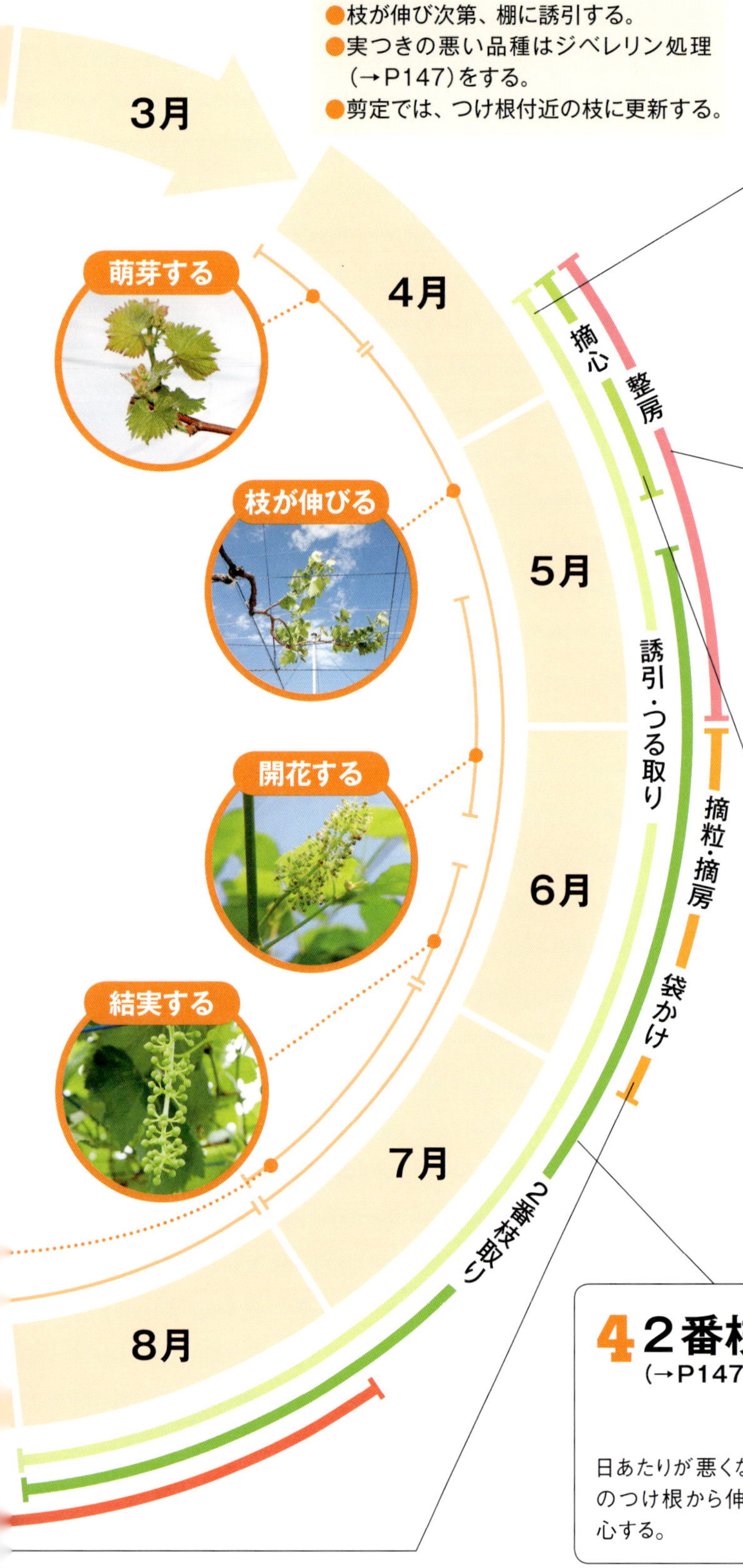

1 誘引・つる取り（→P146）

均等に日光にあたるように、枝が伸び次第、棚に固定し、つるを取り除く。

2 整房《せいぼう》（→P146）

きれいな房にするため、房の形を整える。

3 摘心（→P147）

枝の不要な伸びをおさえる。

4 2番枝取り（→P147）

日あたりが悪くなるので、葉のつけ根から伸びる枝を摘心する。

8 剪定 (→P149)

つけ根付近の枝を残して、ばっさり切る。

7 収穫 (→P148)

色づいた房から収穫する。

6 袋かけ (→P148)

果実袋をかけて病害虫などから守る。

5 摘粒《てきりゅう》・摘房《てきぼう》 (→P148)

果粒が密着してつぶれないように間引く。

1 誘引・つる取り

4月下旬～8月

1 枝が春から夏にかけて2m程度伸びる。均等に日光にあてて光合成させるためには、バランスよく配置し、棚に固定（誘引）させる必要がある。
最初は枝が30cm程度まで伸びてから誘引する。伸びはじめに無理に下に引っ張ると、根元から折れるので注意する。

2 手で枝を棚まで下げる。この際、周囲の枝とのバランスを考え、なるべく交差しないようにする。枝が今後伸びる方向についてもイメージし、ひもなどで棚に固定する。

3 葉の反対側からつるが伸びることが多い。つるを残すと棚に絡んで管理しにくいので、見つけ次第、つけ根からハサミで切り取る。誘引やつる取りは、枝が伸びるたびに行う。

---

2 整房《せいぼう》 レベルアップ

4月下旬～5月

1 きれいな形の房を収穫するためには、開花前の房の形を整える「整房」を行う。
まずは2又になっている房の小さいほうをつけ根から切る。

2 残った房のうち、上段の半分程度を切る。最後に房先を切って、花の集まりが13段程度残るように整える。

‘デラウェア’の整房

‘デラウェア’など房が小さい品種では、2又になっている房の小さいほうをつけ根から切るだけでよい。

3 摘心 レベルアップ

4月下旬～5月上旬

開花期に枝の伸びが盛んな状態だと花に養分が回らず、実つきが悪くなることがある。枝の不要な伸びをおさえることで、日あたりもよくなる。
1枝あたり20節（2番枝の葉を数えないで葉20枚）程度で切る。

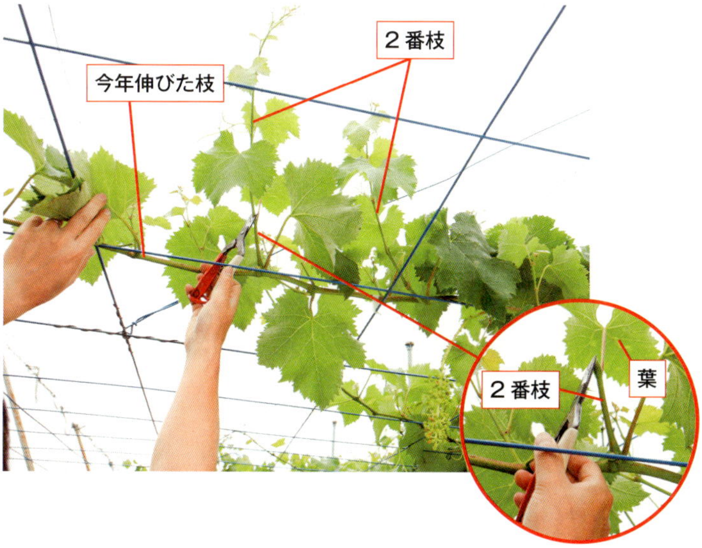

4 ２番枝取り

5月中旬～8月

今年伸びた枝の、葉のつけ根から新たに伸びる枝を２番枝という。成長が盛んな枝からは２番枝が多く伸び、日あたりが悪くなるので、２番枝についても摘心する。
２番枝は、葉１枚残して切る。

2回目
‘巨峰’などは、満開から約10～15日後、‘デラウェア’は満開から約10日後に房全体を浸ける。

1回目
‘巨峰’などは、満開時～満開3日後、‘デラウェア’は満開になる約14日前に房全体を浸ける。

ジベレリン処理

大部分のブドウの品種には元々タネがある。タネをなくすには、園芸店などで市販されるジベレリンを水に溶かし、開花期前後の2回、花や果粒に浸ける必要がある。‘巨峰’など実つきが悪い品種については、実つきもよくなるのでぜひとも行いたい。ジベレリンの濃度や浸ける時期は、品種によって異なるので、詳細は取り扱い説明書などを参考にする。

5 摘粒《てきりゅう》・摘房《てきぼう》

6月

1 摘粒を行っていない‘巨峰’。今は果粒がまだ小さいので密集していないが、今後倍くらいの大きさになり、密着しすぎて割れる可能性があるので、間引く必要がある。‘デラウェア’などの果粒が小さな品種では不要。

2 収穫時の果粒の大きさをイメージし、触れ合いそうな部分を間引く。先が細いハサミを使って、小さいものや傷がついたもの、内側についたものを優先的に除く。

3 摘粒がうまくいったら、摘粒していない房を間引く（摘房）。１枝あたり１房にする。‘デラウェア’などの小振りな房をつける品種は２房つけてもよい。

6 袋かけ

6月

病害虫や小鳥から守るためには、市販の果実袋をかけるのが非常に有効。
摘粒が終わったら、果実袋をかける。付属の針金をしっかりと巻いて、袋内に雨水や害虫が入らないようにする。

7 収穫

8～10月上旬

全体が色づいた房から収穫する。果実袋をかけている場合は、外して色づきを確認する。果皮が赤色や黒色の品種を気温が高い地域で育てている場合は、いつになっても色づきが悪い場合があるので味見して確認するとよい。

■枝の伸び方と果実がつく位置

8 剪定

12月～2月

2月下旬

混合花芽(→P22)

花芽は枝の全域に点在する。花芽と葉芽の区別はつきにくい。

どの芽から果実がつく枝が伸びるか分からないが、花芽は枝の全域に広く点在するので、枝を切り返してもよい。写真は剪定後の姿。囲みの枝は15芽あったが、6芽残して切り返した。

4月中旬

萌芽しているようす。切り返したので、つけ根付近の枝も萌芽しかけている。

5月上旬

伸びた枝に蕾(つぼみ)がついているのが確認できる。2月に枝を半分以下に切り返してもこのように蕾がつく。

7月上旬

剪定後の2月下旬には、枝がほとんどなくスカスカに見えたが、棚全体が枝葉で十分満たされている。今後も枝が伸びてさらに混み合う。写真を見てわかるように、ブドウでは剪定して枝数を徹底的に減らす必要がある。

【上から見た図】

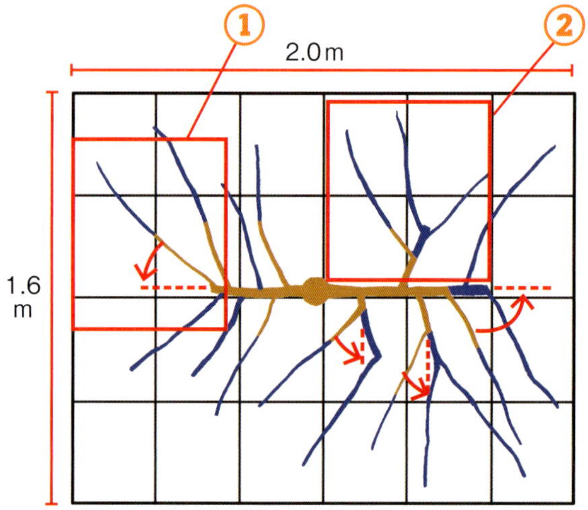

一文字仕立て（→P11）の剪定の手順。枝はまっすぐに伸ばして切る。オールバック仕立てはP90参照。

■剪定の手順

① 骨格となる枝の先端付近を切る

先端の充実した枝をまっすぐに伸ばして５～９芽残して切り返す。

② 枝を間引いて切り返す

1㎡あたり、枝が２本程度になるように間引く。

③ 枝を棚に誘引する

剪定後はひもを使って棚に枝を固定（誘引）する。前年に固定したひもはすべて新しいものと交換する。

---

① 骨格となる枝の先端付近を切る

1 骨格となる枝（主枝）は、先端の充実した枝を1本選び、なるべくまっすぐになるよう方向を決める。

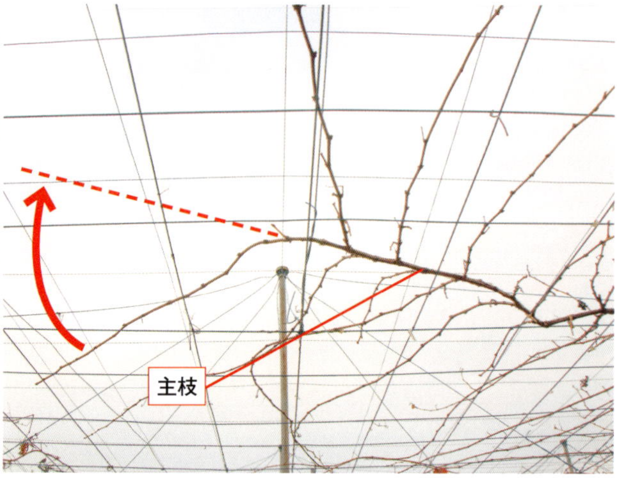

↓

2 先端を５～９芽残して切り返す。細い枝ほど短く、太い枝ほど長く残るようにする。切り返した枝は③でまっすぐになるように誘引する（写真左は誘引後）。

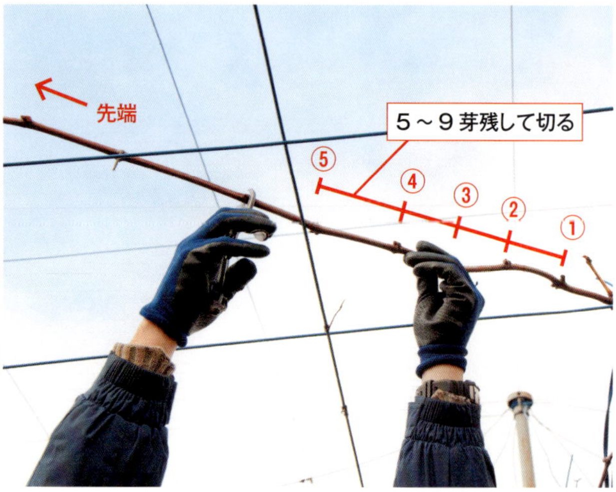

② 枝を間引いて切り返す

1 間引きで残す枝数の目安は、1m^{2}あたり枝が２本程度で、２畳（3.3m^2）の広さの棚であれば、６～８本の枝を残す。かなりスカスカになるが、翌春は各枝から３本以上の枝が伸びるので問題ない。逆に枝を残しすぎると、夏に新たな枝で混み合うので注意する。枝を間引く際には、なるべくつけ根の新しい枝に切り替えるように切ると枝が若返る。

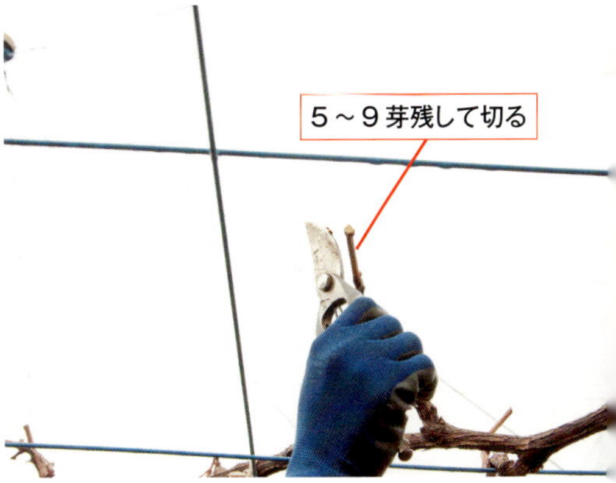

2 残した枝は、５～９芽残して切り返す。細い枝ほど短く、太い枝ほど長く残るようにする。つけ根の枝に切り替えたので枝が若返った。切り返した枝は③で棚に誘引する。

枝を切る位置

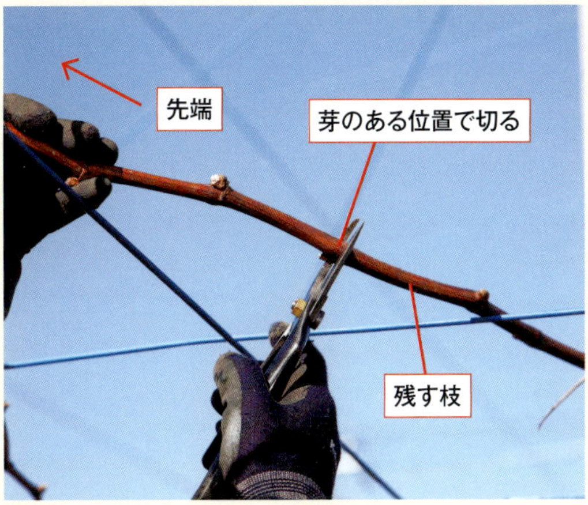

ブドウの枝は芽と芽の間で切ると、切り口から徐々に枯れていき、先端の芽まで枯れることがある。芽がある位置（節）で切り返せば、切った芽は使えないが、枯れ込みが入りにくくなる。

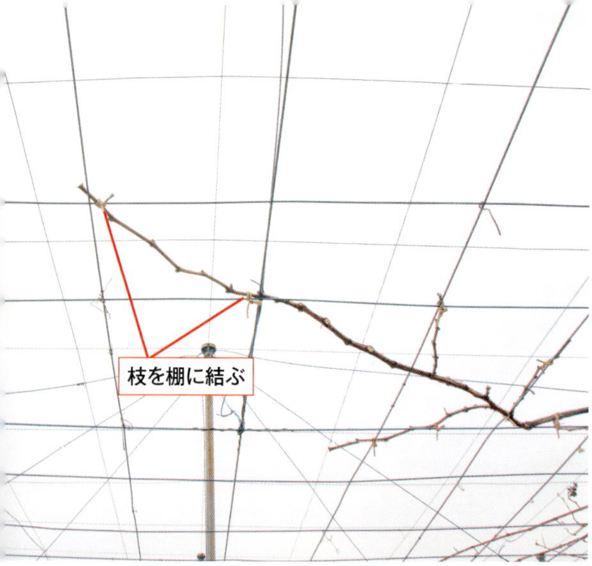

①②が終わったら、ひもを使って枝を棚に誘引する。骨格となる枝（主枝・亜主枝）についてもしっかりと固定する。なお、同じひもで長期間固定すると、枝が太くなって食い込み、木が弱るので、前年の剪定や夏の誘引時に使用したひもは、剪定時に切って、すべて新しいものと交換する。

③ 枝を棚に誘引する

枝は思い切って減らす

成木の剪定後の枝

主枝・亜主枝から出る枝を数本残して切った。冬にはスカスカに見えるが、夏になると空が見えないほど枝葉が茂る。

↓

幼木の剪定後の枝

植えつけ２～３年目の幼木のようす。半年で枝がかなり広がる。

↓

■病害虫対策

病害虫名	発生時期	症状	防除法
べと病	5～7月	葉の裏面や花に白色のカビが生え、やがて褐変する。	日あたりや風通しをよくして、湿度が高くならないようにする。チッ素肥料の施しすぎにも注意。
黒痘病《こくとうびょう》	5～9月	梅雨の前後に発生する。枝、葉、果粒に黒褐色の斑点が発生し、収穫量が激減する。	胞子が周囲に拡散しないように、発生初期に被害部を取り除く。
晩腐病《おそぐされびょう》	7～9月	成熟した果粒に発生する。橙色の胞子のかたまりが房全体に発生し、果粒がしなびる。	日あたりや風通しをよくする。発生初期に被害部を取り除く。
チャノキイロアザミウマ	5～8月	果粒の表面がかすれたように、さび（かさぶた）状になる。	風通しが悪いと発生しやすいので、剪定や摘心、2番枝の除去を徹底する。

チャノキイロアザミウマ

晩腐病

黒痘病

べと病

オベリスクなどしっかりとした支柱に枝を巻きつけるように誘引する。

鉢植え栽培

病気に弱い欧州種の品種は庭植えよりも鉢植えのほうが向いている。つる性なので、枝を誘引する支柱として、しっかりとしたオベリスクが最適。

DATA

■用土
「果樹・花木用の土」が最適。入手できなければ、「野菜用の土」:鹿沼土(小粒)＝7:3の割合で混ぜて使う。また、鉢底石を鉢底に3cmほど敷き詰める。

■植えつけ（鉢の目安：8～15号）
P10参照。棒苗より大苗のほうがおすすめ。

■置き場
春から秋は直射日光が長くあたる場所に置く。病気に弱いので、軒下などの雨があたらない場所に置くとよい。

■水やり
鉢土の表面が乾いたらたっぷりと水やりする。

■肥料
8号鉢(直径24cm)なら、油かすを2月に20g、化成肥料を6月に10g、9月に8g与える。

■管理作業
P146～153参照。

ブラックベリー・ラズベリー

DATA

科属名	バラ科 キイチゴ属
形態	落葉低木
樹高	1.5m程度 （樹姿による） 最大3m
耐寒気温	ブラックベリー　−20℃ ラズベリー　−35℃
土壌pH	5.5〜7.0
花芽	混合花芽
隔年結果	しにくい

受粉樹

不要

難易度

やさしい

肥料（庭植え）

枝葉が茂る範囲が直径1m未満の木なら油かすを3月に130g、化成肥料を5月と9月にそれぞれ30gずつ施す。

栽培カレンダー

	1月	2月	3月	4月	5月	6月	7月	8月	9月	10月	11月	12月
植えつけ	━━━	━━━	━━━	（厳寒期を除く）							━━━	━━━
枝の管理	━━━	━━━	剪定		━━━	ひこばえの間引き・摘心					剪定	━━━
花の管理					━━━	開花・人工授粉			━━━	開花・人工授粉（二季なり品種）		
果実の管理												
収穫						━━━	━━━	━━━		━━━	（二季なり品種）	
肥料			━━━		━━━				━━━			

病害虫や寒さに強く、受粉樹は不要

ブラックベリーとラズベリーは、ヨーロッパや北アメリカが原産のキイチゴ類です。栽培種としては導入されていませんが、日本に自生するほかのキイチゴ類の仲間は多く、北海道から沖縄の広い範囲で確認されています。仲間が自生しているせいか、両者とも日本の気候風土によく適応し、暑さ・寒さに非常に強く、病害虫の被害も少ないのが大きなメリットです。しかも苗木1本でも実つきがよく、あまり手間がかからないので、初心者にはぜひともおすすめしたい果樹です。

品種ではラズベリーの二季なり品種（春と秋に果実がなるタイプ）の人気があります。ブラックベリーでは、枝にトゲのない品種が支持されています。品種によって枝の伸び方が異なり、直立性、開張性、下垂性《かすいせい》、ほふく性などさまざまです。下垂性やほふく性の品種は、フェンスなどの支柱に枝を誘引して育てるとよいでしょう。

■品種

品種名	樹姿	トゲ	収穫期 6月	7月	8月	9月	10月	特徴
ブラックベリー								
ボイセンベリー	ほふく性	系統による	■	■	一季なり品種			デューベリーの仲間とされる。ほふく性なのでフェンスなどに仕立てるとよい。果実は赤紫色。
マートンソーンレス	下垂性	無		■	■ 一季なり品種			果実は大きく、やや酸味が強い品種。トゲがないので人気がある。花はピンク色で果実は黒色。
ソーンフリー	ほふく性	無		■	■ 一季なり品種			実つきがよく収量が多い品種。'マートンソーンレス'とともに苗木の流通量が多い。果実は黒色。
ラズベリー								
インディアンサマー	開張性	有	■	二季なり品種		■		6月と9月に収穫できる代表的な二季なり品種。食味がよい。果実は赤色。
サマーフェスティバル	開張性	有	■	二季なり品種		■		'インディアンサマー'と並んで人気の二季なり品種。実つきがよい。果実は赤色。
ファールゴールド	直立性	有			一季なり品種			枝が上に向かって伸びる開張性だが、枝の伸びが弱く、コンパクトな品種。果実は黄色。

※開張性：枝が横に開いて伸びるタイプ　直立性：枝が真上に伸びるタイプ　下垂性：枝先が下に垂れ下がるタイプ
　ほふく性：地面をはうタイプ

ブラックベリー・ラズベリー

写真は'マートンソーンレス'。下垂性の品種なので、垣根に枝を誘引した。

■植えつけと仕立て（株仕立て）

1本なら30～40cmで切り返す
枝分かれしたところは3～5節で切り返す
腐葉土18～20ℓを土に混ぜる
50cm
50cm

1年目（植えつけ）

時期
11～3月
（厳寒期を除く）

ポイント
何本も枝分かれした苗木を植えると、次のシーズンから収穫できる。下垂性やほふく性の品種はフェンスなどに枝を誘引するとよい。

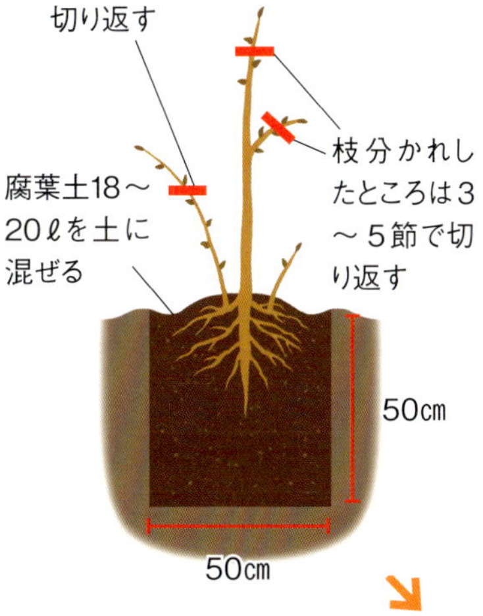

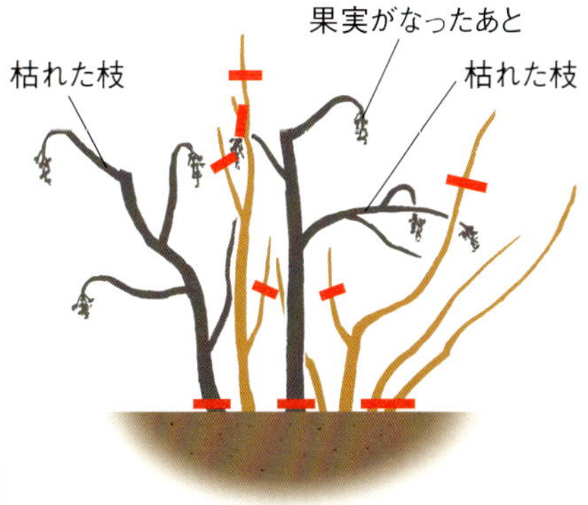

2年目

果実がなったあと
枯れた枝

果実がなった枝の多くは、株元付近まで枯れるので切り取る。代わりに、果実がならなかった枝や夏頃に株元から伸びたひこばえの先端を切り返して利用する。

3年目以降

果実がなったあと
枯れた枝

2年目と同様に、果実がならなかった枝や夏頃に株元から伸びたひこばえの先端を切り返して利用する。

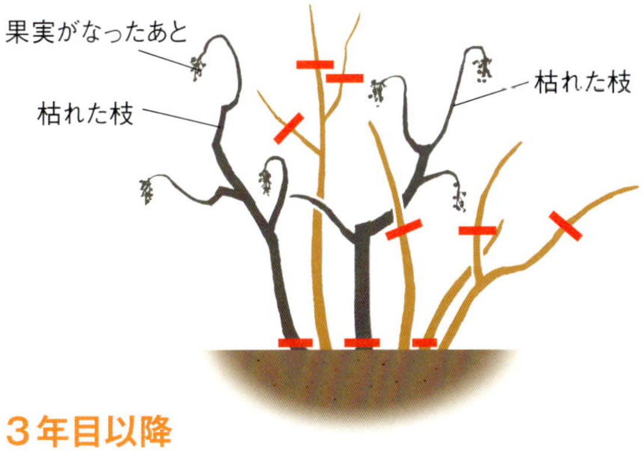

1 人工授粉

5月、8月下旬～9月中旬

毎年のように実つきが悪い場合だけ行う。同じ花のなかの雄しべと雌しべを絵筆で交互に触れる。

■作業と生育のサイクル

ポイント

- 二季なりの品種がある。
- 下垂性、ほふく性の品種はフェンスなどの支柱に誘引する。
- 果実がなった枝の多くは冬までに枯れてしまう。
- 剪定ではひこばえを利用する。

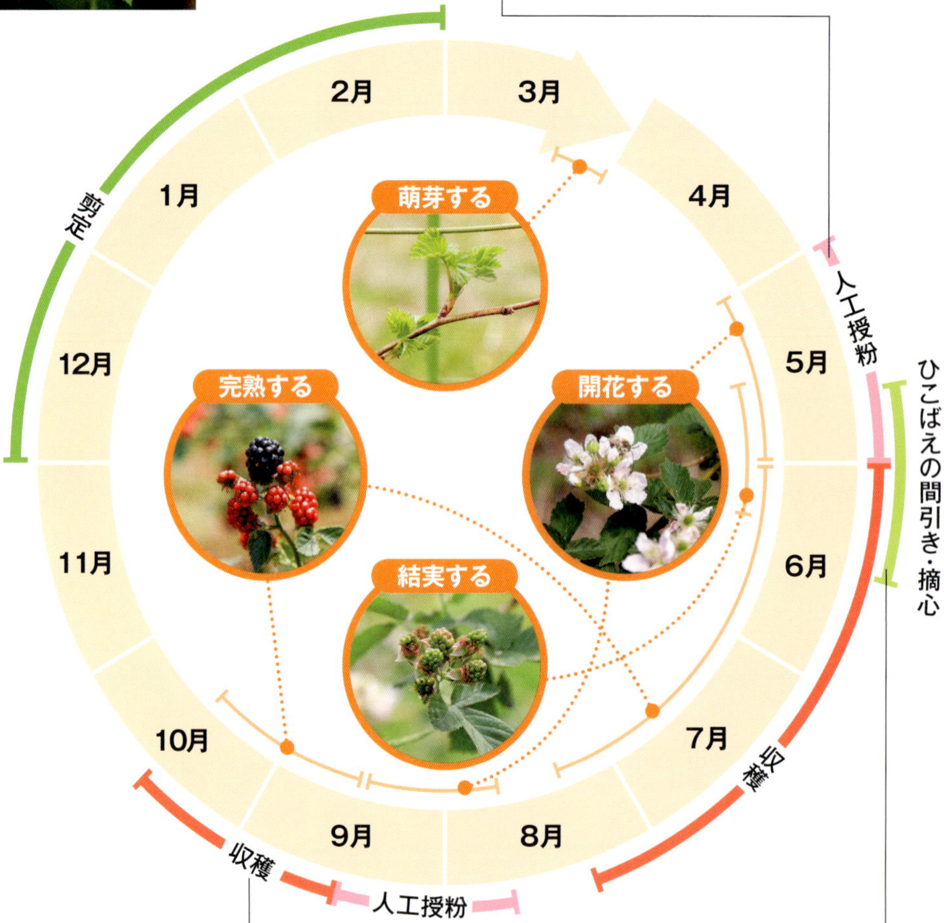

3 収穫

6～8月上旬、9月中旬～10月中旬

果実を軽く指でつまんで下に引っ張ると収穫できる。ブラックベリーは酸味が強いので黒く完熟してから収穫したい。

2 ひこばえの間引き・摘心

5月下旬～6月中旬

果実がなっていないひこばえを葉が触れ合わない程度に間引く。残したひこばえの先端を1/3程度切り返して枝分かれを促すと、翌年の収穫量がふえる。

4 剪定

12～2月

■枝の伸び方と果実がつく位置

2月下旬

混合花芽（→P22）

花芽は枝の全域に点在する。花芽と葉芽の区別はつきにくい。

どの芽から果実がつく枝が伸びるか分からないが、花芽は枝の全域に広く点在するので、枝をかなり短く切り返してもよい。写真の枝は70cm程度の長さがあったが、株元から30cm（10芽）程度で切り返した。

4月中旬

萌芽しているようす。枝を切り返したので、多くの萌芽が見られる。

5月上旬

ほぼすべての枝の先端付近に花が咲いているのが確認できる。2月に半分以下に切り返してもこのように花がつく。二季なり品種は、花が咲かなかった枝や株元から伸びたひこばえの先端に9～10月頃にもう一度結実する。

果実がなった枝は枯れる

果実がならなかった枝は翌年も伸びて果実がなる。

果実がなった枝は冬までに枯れる。

先端に果実がなった枝の多くは、養分を使い果たしたように冬までに株元まで枯れる。果実がならなかった枝については枯れずに残るので、翌年果実をならせる枝として活躍させる。

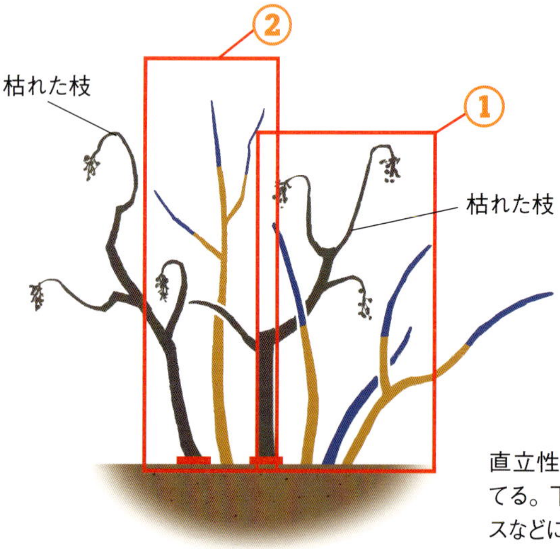

直立性や開張性の品種は株仕立てで育てる。下垂性やほふく性の品種はフェンスなどに仕立てて育てる。

■剪定の手順

① 株元から枝を間引く
枯れた枝や混み合った枝は株元から切り取る。

② 残った枝をすべて切り返す
枝分かれしていない枝は、株元から30 ～ 40cm、枝分かれしている枝は3 ～ 5芽を残して切り返す。

① 株元から枝を間引く

1 灰色～茶色に変色して乾燥している枝は枯れているので、株元から切り取る。

2 果実がならなかった枝や夏に新たに伸びたひこばえは、緑色や濃い茶色をして生きている。地上部の枝の混み具合に応じて、適度に間引く。

② 残った枝をすべて切り返す

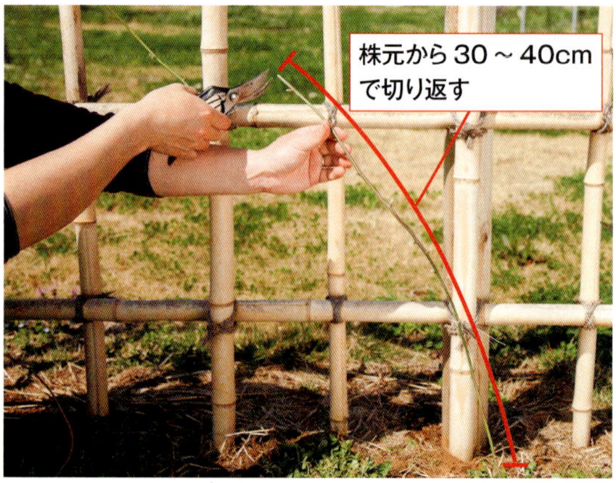

1 枝分かれしていない枝は、すべて株元から30 ～ 40cmで切り返し、枝の伸びを促す。

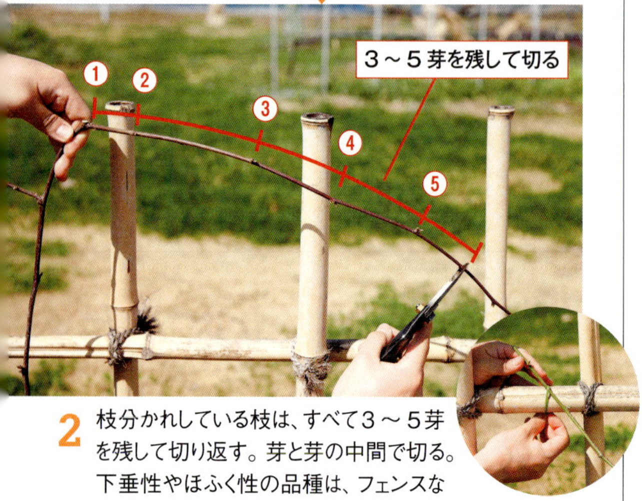

2 枝分かれしている枝は、すべて3 ～ 5芽を残して切り返す。芽と芽の中間で切る。下垂性やほふく性の品種は、フェンスなどの支柱に残した枝をひもで固定する。

混み具合に応じてひこばえを適度に残し、切り返す。写真のようにフェンスなどの支柱に仕立ててもよい。

■剪定前後

※写真は暖地で育てた半落葉性のブラックベリーなので、剪定時期の２月でも落葉しなかった。

■病害虫対策

病害虫名	発生時期	症状	防除法
灰色かび病	５～７月	果実に白いカビが生えて、褐変して落ちる。	日あたりや風通しをよくして、湿度が高くならないようにする。見つけ次第、取り除く。
根頭《こんとう》がんしゅ病《びょう》	４～９月	株元に丸いこぶが発生して、木が弱る。ブラックベリーに見られる。	治療は難しい。ひどいようなら木を切り、根まできれいに取り除く。
ハダニ類	６～９月	葉が白くかすれる。発生が多いと、光合成がうまくできず木が弱る。	好天の日を選び、枝葉に水をかけて洗い流す。殺ダニ剤を散布すると抵抗性ダニが発生しやすい。
コガネムシ類	６～12月	葉が網目状に食害される。幼虫は根を食害し、株全体が弱る。	成虫は見つけ次第、捕殺する。鉢植えは、植え替えの際に幼虫を注意深く探す。

10号鉢なら、株元から３本程度の枝を残してほかは間引く。

鉢植え栽培

鉢植えの場合は、品種を問わずオベリスクを設置し、枝を誘引すると美しく仕立てることができる。

DATA

■用土
「果樹・花木用の土」が最適。入手できなければ、「野菜用の土」:鹿沼土（小粒）＝7 :3の割合で混ぜて使う。また、鉢底石を鉢底に3cmほど敷き詰める。

■植えつけ（鉢の目安：８～15号）
P10参照。棒苗より大苗のほうがおすすめ。

■置き場
春から秋は直射日光が長くあたる場所がよい。病害虫には強いとはいえ、軒下などの雨があたらない場所に置いて万全に予防するとよい。

■水やり
鉢土の表面が乾いたらたっぷりと水やりする。

■肥料
8号鉢（直径24cm）なら、油かすを3月に20g、化成肥料を５月と9月にそれぞれ8gずつ与える。

■管理作業
P156～159参照。

ブルーベリー

DATA

科属名	ツツジ科 スノキ属
形態	落葉低木
樹高	1.5m程度 最大3m
耐寒気温	−20〜−10℃
土壌pH	4.3〜5.3
花芽	純正花芽
隔年結果	しにくい

受粉樹

必要

難易度

ふつう

肥料（庭植え）

枝葉が茂る範囲が直径1m未満の木なら油かすを3月に130g、化成肥料を5月と9月にそれぞれ30gずつ施す。

栽培カレンダー

	1月	2月	3月	4月	5月	6月	7月	8月	9月	10月	11月	12月
植えつけ	■	■	■	（厳寒期を除く）							■	■
枝の管理	■	■	剪定			■	摘心				剪定	■
花の管理				■	開花・人工授粉							
果実の管理						■	■	■	袋かけ			
収穫						■	■	■	■			
肥料			■		■				■			

受粉樹とともに酸性の土に植えつける

可憐な青い果実がたわわに実るブルーベリーは、木がコンパクトで病害虫に強く、家庭果樹ではもっとも人気があります。

日本では100以上の品種が出回っていますが、ハイブッシュとラビットアイのふたつのタイプに大別され、ハイブッシュは、さらにノーザンハイブッシュとサザンハイブッシュに分けられます。庭植えにするなら、北海道から中国地方までは寒さに強いノーザンハイブッシュ、関東から沖縄までは暑さに強いサザンハイブッシュやラビットアイがおすすめです。自分の花粉では実つきが悪いので、受粉樹として異なる品種を植えましょう。とくにラビットアイでは受粉樹が必須です。

酸性の土を好み、中性もしくはアルカリ性の土で育てるとうまく肥料が吸収できず、枝などの生育が悪くなります。庭植えするなら庭土にピートモスを必ず混ぜましょう。夏の水切れにも注意が必要です。

■品種

タイプ		品種名	収穫期			樹高	耐寒気温	最適土壌pH	果実重（g）	特徴
			6月	7月	8月					
ハイブッシュ	ノーザンハイブッシュ	デューク				～2m	－20℃	4.3～4.8	2.6	早生で大果な品種。自分の花粉でも結実しやすく、苗木1本でも実つきがよいことが多い。
		ブルーチップ							3.3	大きな果実を収穫したい場合におすすめの品種。やや甘味が少なく淡白な味。
	サザンハイブッシュ	オニール				～1.5m	－10℃	4.3～4.8	1.7	甘味が強く、果肉がしっかりしている定番品種。
		サンシャインブルー							1.5	蕾（つぼみ）が赤く、花もピンク色の珍しい品種。果実は小さいが、たくさん収穫できる。
ラビットアイ		ブライトウェル				～3m	－10℃	4.3～5.3	2.2	甘味が強く、果肉がやわらかい晩生品種。実つきがよいが、ならせすぎると翌年の収穫量が減る。
		ティフブルー							2.0	古くから栽培されている定番品種。早どりすると酸味が強いので注意する。

ひこばえがよく出るので、株仕立て（→P11）にする。株が古くなったら、ひこばえに切り替える。

■植えつけと仕立て
（株仕立て）

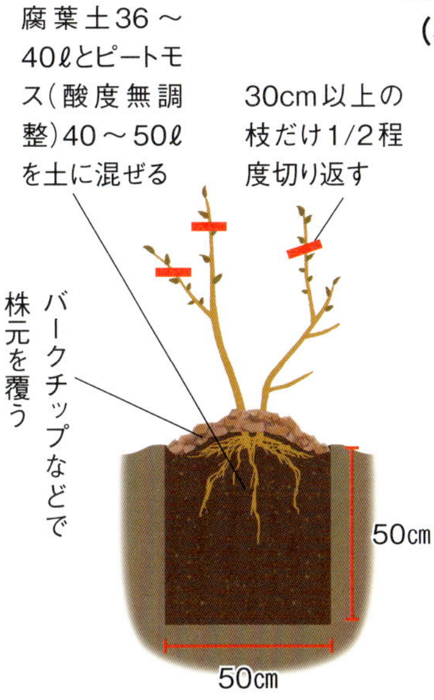

1年目（植えつけ）

時期

11～3月（厳寒期を除く）

ポイント

酸性（pH4.5程度）の土に植えないと枯れることもあるので、酸度無調整のピートモスを必ず混ぜる。ピートモスは乾燥すると水をはじいて浮くので、あらかじめバケツなどに入れてこね、水を含ませてから掘り上げた土と腐葉土に混ぜ込むとよい。

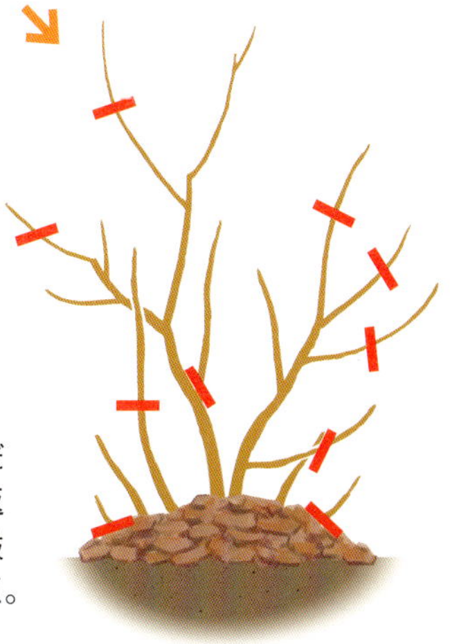

2～3年目

30cm以上の枝だけ1/2程度切り返す。混み合った枝やひこばえは間引く。

4年目以降

ほうきを反対に向けたような樹形（株仕立て）を目指す。

■作業と生育のサイクル

ポイント

- 酸性の土で育てないと木が弱るのでピートモスを混ぜる。
- ２品種以上で育てると実つきがよい。
- 木で完熟させた果実は本来の風味が味わえる。
- 古くなった枝は新たに出るひこばえに更新する。

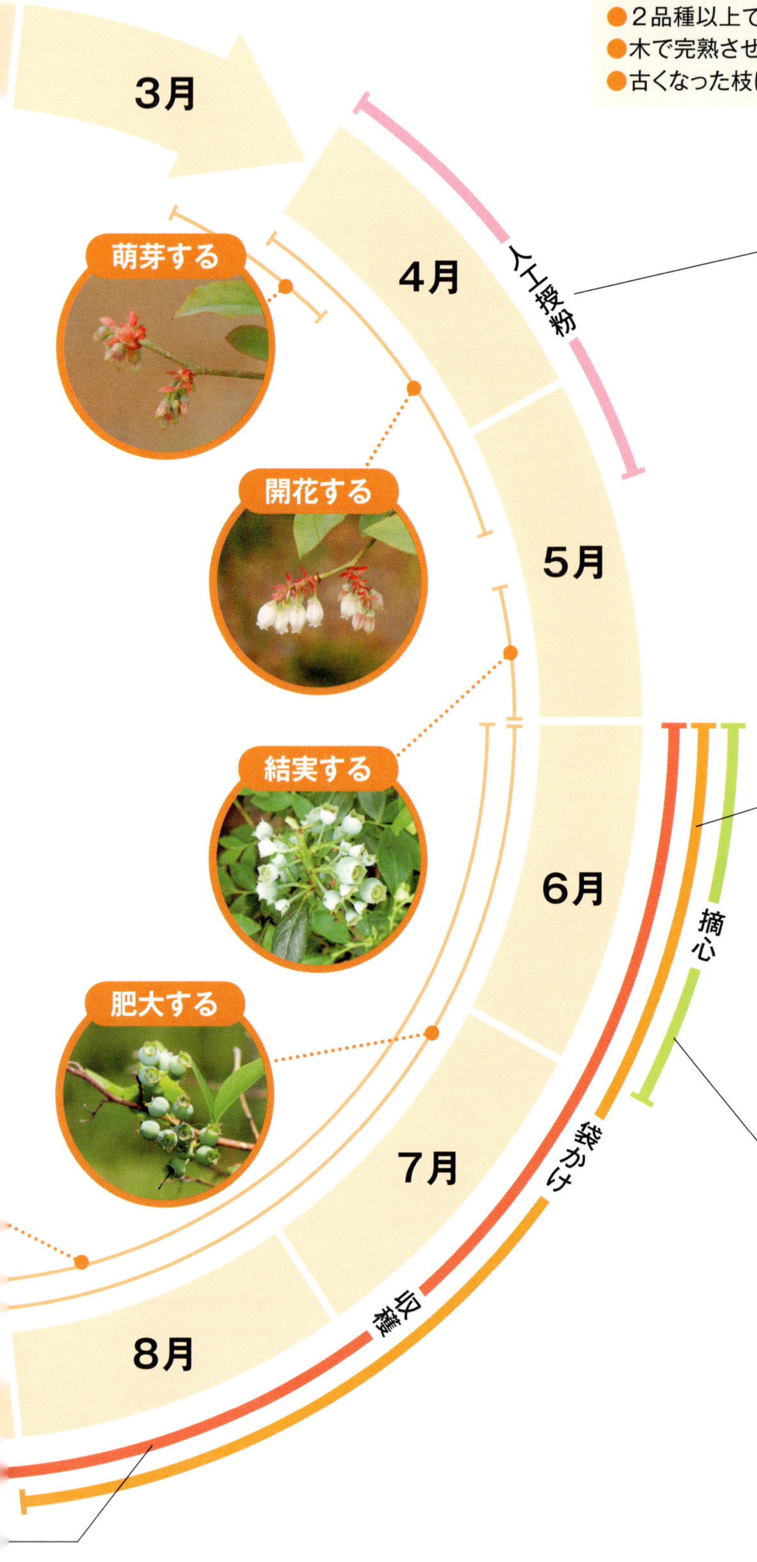

1 人工授粉 (→P164)

毎年実つきが悪い場合のみ行う。

2 袋かけ (→P164)

鳥に食べられる場合は、果実袋をかける。

3 摘心 (→P165)

不要な枝の伸びをおさえ、枝分かれさせる。摘心後に再び伸びた枝も摘心する。

5 剪定(→P166)

混み合った枝を間引き、長い枝だけ切り返す。

4 収穫(→P165)

色づいた果実から収穫する。果皮がめくれると日持ちしないので注意。

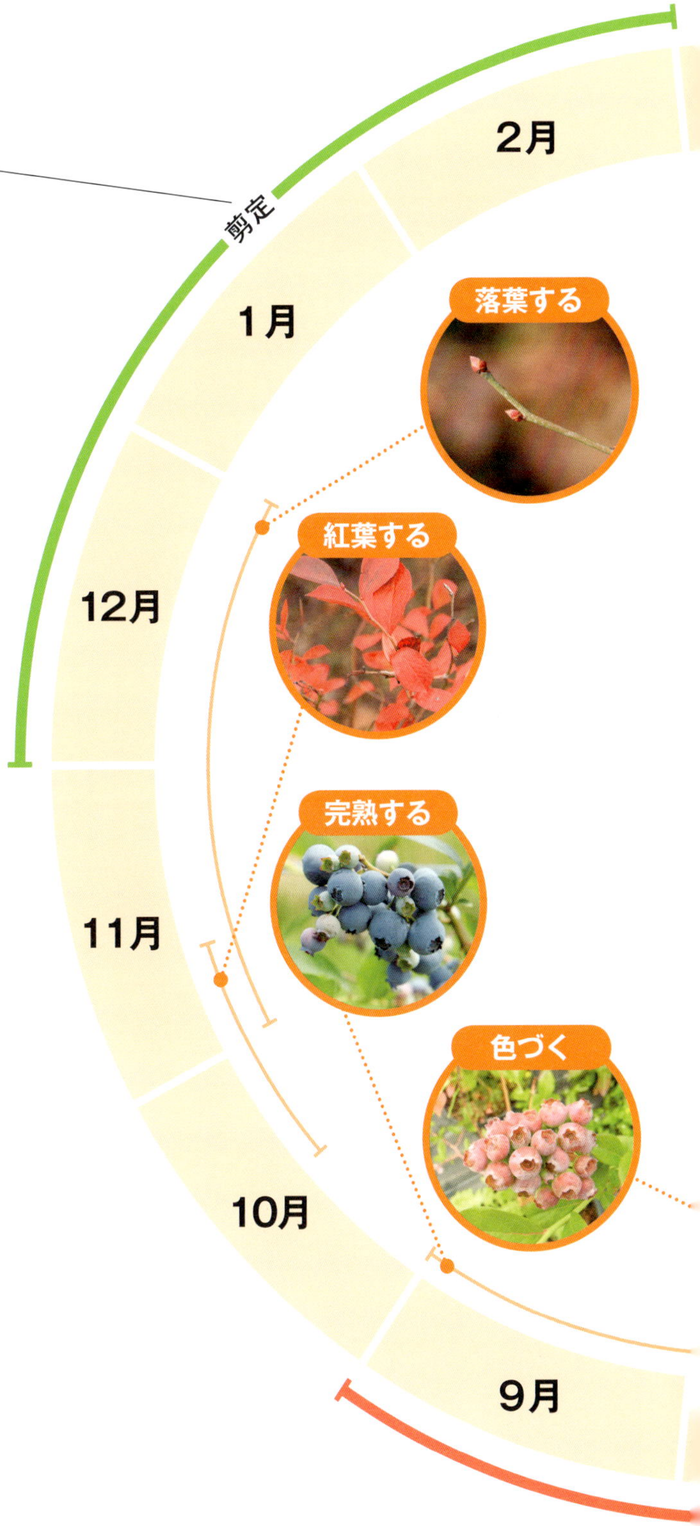

1 人工授粉

4～5月上旬

受粉の適期

花びらがふくらんでいないAは早く、花びらが落ちたCでは遅い。Bのように花びらがふくらみ、変色していないものが人工授粉の適期。

1 人工授粉は実つきがよい場合は不要。
花を摘み、花びらだけをやさしくつまみ取る。

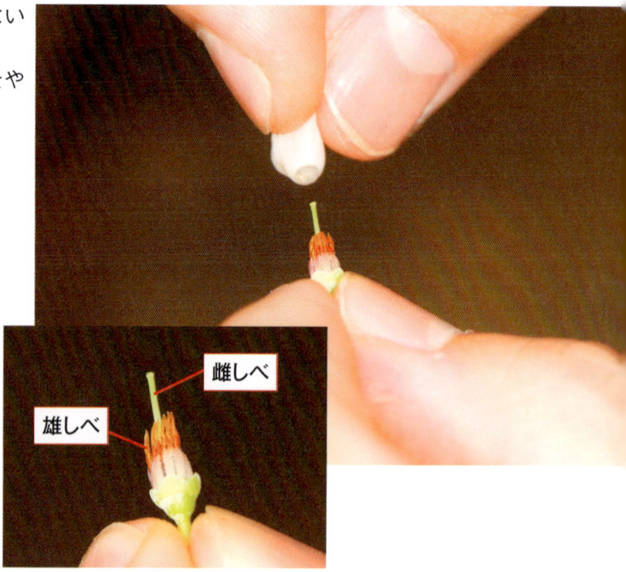

2 茶色の雄しべを軽くもみ、ほかの品種の雌しべの先に押しつける。ハイブッシュ、ラビットアイとも同じタイプの異なる品種間で人工授粉させたほうが開花期も近く、相性もよい。

---

2 袋かけ レベルアップ

6～8月

完熟すると鳥に食べられやすくなる。色づきはじめた房ごと市販の果実袋をかければ、手軽に防ぐことができる。ただし、カラスなどの大型の鳥には効果がないことが多い。鳥対策を万全にするなら、株全体を防鳥ネットで覆うとよい。

3 摘心

6月

1

長く伸びる枝を摘心することで、その先が枝分かれして花芽が多くつき、翌年の収穫量がふえる。枝のつけ根から20cm程度で切り返す。株元から伸びるひこばえも同様に摘心する。

2

摘心後、先端付近から枝が2～4本伸びはじめる。翌年のための花芽は7月下旬頃からできるため、6月中に摘心しないと花芽がつかず、翌年果実がつかないので注意する。

土の乾燥に注意

根が乾燥に非常に弱く、土が乾燥するとすぐにしおれるので注意する。庭植えでも夏は水やりが必要。一般に水やりを控えると果実が甘くなるといわれているが、乾燥しすぎると木が枯れることもあるので注意。

4 収穫

6～9月

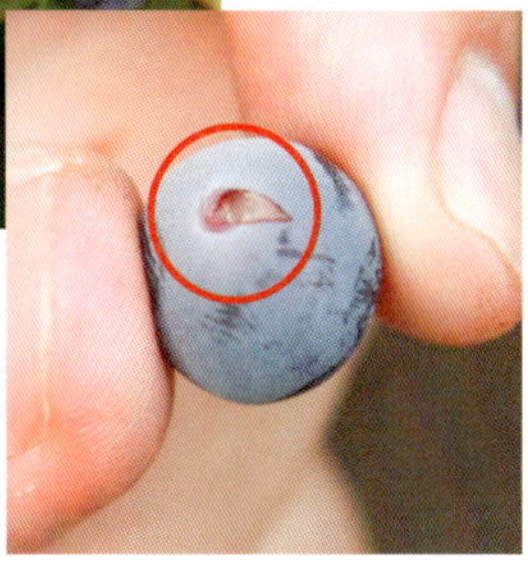

全体が色づいた果実から順次収穫する。果梗(果実のついた軸)の延長線上にまっすぐ引き抜かないと、右の写真のように果皮がめくれて日持ちしなくなるので注意する。

5 剪定

12～2月

■枝の伸び方と果実がつく位置

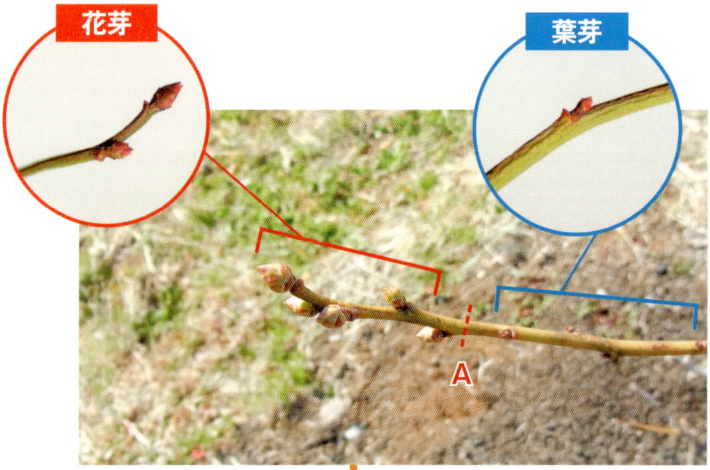

2月下旬

純正花芽(→P22)

花芽が枝の先端につく。花芽と葉芽は区別できる。

枝の先端に花芽がつくタイプなので注意が必要だが、剪定時に大きい芽が花芽、小さい芽が葉芽と外見で区別がつくので、難易度はそこまで高くない。写真は、先端5芽が花芽で、以降はすべて葉芽。剪定時にAで切り返すと花芽を切り取ることになり、収穫できない。

4月中旬

萌芽しているようす。先端の5個の花芽からは蕾（つぼみ）がいくつかつき、葉芽からは葉がついた枝が伸びはじめているのが確認できる。

5月上旬

開花しているようす。先端付近の花芽からは、それぞれ6個程度の花が咲いている。葉芽からは1本ずつ枝が伸び、葉がついている。

6月下旬

先端付近に30個以上の果実がついている。2月下旬にAの位置で切り返していたら、この枝には結実しなかった。剪定では、基本的には長い枝だけ1/3程度切り返すとよい。なお、1枝に30果以上つくのは少々多く、果実が小さくなり、木に負担もかかる。そこで、冬に花芽を3個程度に減らせば、甘く大きな果実になり、葉芽から伸びる枝にも花芽がつきやすい。

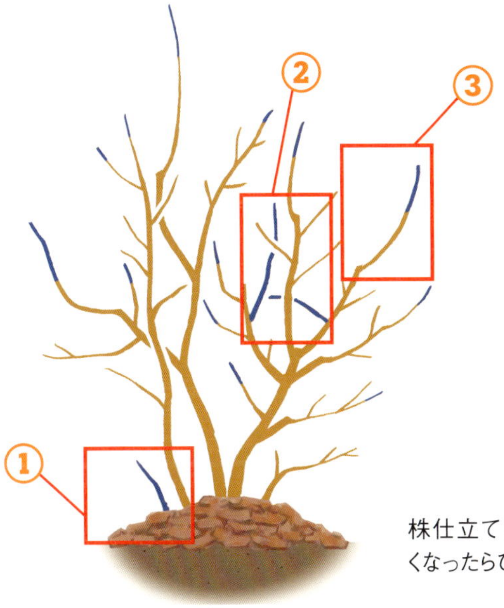

株仕立て(→P11)では、枝が古くなったらひこばえに更新する。

剪定の手順

① ひこばえを株元から間引く
次々にひこばえが伸びるので、適度に残してほかを切る。

② 不要な枝をつけ根から間引く
太くて長い枝や交差する枝、混み合う枝などは切る。

③ 枝の先端を 1/3 程度切り返す
長い枝やひこばえなどの先端から1/3程度切り返す。

① ひこばえを株元から間引く

株元からひこばえが次々に伸びるのが特徴。ひこばえはすべて取り除くのではなく、適度に残す。このひこばえが、1～2年経過して枝分かれし果実がなるようになったら、近くの古い枝を株元から切って更新させる。この更新によって木を低く保ち、毎年安定して収穫することができる。

② 不要な枝をつけ根から間引く

太くて長い枝

太くて長い枝(徒長枝)には花芽がつきにくく、収穫ができないことが多いので、つけ根から間引く。

交差する枝

交差して触れ合う枝は混み合うほか、風が吹くとこすれて傷がつくので、どちらか一方を間引く。

混み合う枝

混み合う枝は間引く。花芽がついた短い枝についても数を減らせば、残った枝になった果実が甘く大きくなる。

骨格となる枝の先端付近

骨格となる枝の先端付近に花芽を残すと、果実がなって枝が充実しなくなる。花芽を切り取って葉芽だけにする。

③ 枝の先端を 1/3 程度切り返す

長い枝

30cm 以上の長い枝は、先端から1/3程度切り返す。

ひこばえ

①で残したひこばえを枝先から1/3程度切り返して枝分かれを促す。6月に摘心していれば不要。

このように、長い枝、骨格となる枝、ひこばえは充実した枝を伸ばすために1/3程度切り返すが、それ以外の枝は果実をならせるために残す。

■剪定前後

ひこばえや混み合った部分などを剪定したことで、葉がついたときに木の内側まで日があたり、風通しもよくなる。

■病害虫対策

病害虫名	発生時期	症状	防除法
灰色かび病	5～7月	枝、葉、花、果実に白色のカビが生え、やがて枯れる。	日あたりや風通しをよくして、湿度が高くならないようにする。
斑点病《はんてんびょう》	5～9月	葉に褐色や赤色の斑点を生じる。感染した果実にはカビが生えて腐る。	見つけ次第葉を取り除く。鉢植えは軒下などの雨があたらない場所で育てる。
コガネムシ類	6～12月	幼虫は根を食害し、成虫は葉を網目状に食い荒らす。	鉢植えは植え替え時に幼虫がいないか確認する。庭植えは土壌に薬剤を散布する。
ハマキムシ類	5～7月	幼虫が若い葉を食べながら巻き、つづり合わせる。	枝の先端を観察し、見つけ次第捕殺する。

ハマキムシ類

コガネムシ類

斑点病

基本的に庭植えと同じように株仕立てにし、異なる品種を別の鉢で育てる。鉢植えは「ブルーベリー用の土」を使うとよい。

鉢植え栽培

異なる2品種以上を育てる必要があるが、同じ鉢に植えつけることなく、別々の鉢に植えつける。用土と水やりにも注意が必要。

DATA

■用土

「ブルーベリー用の土」が最適。入手できなければ、ピートモス：「野菜用の土」＝5：5の割合で混ぜて使う。鉢底石を鉢底に3cmほど敷き詰める。ピートモスは酸度無調整のものを使う。

■植えつけ（鉢の目安：8～15号）

P10参照。棒苗より大苗のほうがおすすめ。

■置き場

春から秋は直射日光が長くあたる軒下などがよい。ただし、7～8月は西日があたらない場所に置くと、暑さや水切れで根が傷むリスクが減る。

■水やり

鉢土の表面が乾いたらたっぷりと水やりする。土が乾燥するとすぐにしおれるので注意する。

■肥料

8号鉢（直径24cm）なら、油かすを3月に20g、化成肥料を5月と9月にそれぞれ8gずつ与える。

■管理作業

P164～169参照。

モモ

DATA

科属名	バラ科 サクラ属
形態	落葉高木
樹高	2.5m程度 最大10m
耐寒気温	−15℃
土壌pH	5.5〜6.0
花芽	純正花芽
隔年結果	しにくい

受粉樹

不要（品種による）

難易度

難しい

肥料（庭植え）

枝葉が茂る範囲が直径1m未満の木なら油かすを3月に130g、化成肥料を5月と9月にそれぞれ30gずつ施す。

栽培カレンダー

	1月	2月	3月	4月	5月	6月	7月	8月	9月	10月	11月	12月
植えつけ	■	■	■	（厳寒期を除く）							■	■
枝の管理	■	■	剪定		捻枝 ■	摘心					剪定	■
花の管理			■	■ 開花・人工授粉								
果実の管理					摘果 ■ 袋かけ							
収穫						■	■	■	■			
肥料			■		■				■			

完熟した果実はおどろくほど甘い

モモは熟すほど甘く、やわらかくなるので、市販の果実は輸送で傷むことを考慮して、早どりしている傾向にあります。完熟したモモ本来の味を楽しむためにも、家庭で栽培して市販のモモと比べてみましょう。

果実の表面に毛がなく、果肉がかためのネクタリンもモモの仲間で、栽培も同じです。通常のモモよりも果物としての流通量が少ないので、ぜひ育てたい種類のひとつです。

基本的には受粉樹が不要ですが、〝川中島白桃《かわなかじまはくとう》〟や〝白桃《はくとう》〟、〝おかやま夢白桃《ゆめはくとう》〟、〝あきぞら〟などの花粉が少ない品種は、花粉が多い品種と一緒に育てる必要があります。

果実の表面はデリケートで灰星病《はいほしびょう》などの病気にかかりやすいため、降雨量が多い地域では早生品種を選ぶと被害が少ないでしょう。また、5月に果実袋をかけることで、病害虫の被害をおさえることができます。鉢植えにして、雨のあたらない軒下で育てるのもおすすめです。

品種

品種名	花粉	収穫期 6月	収穫期 7月	収穫期 8月	果肉色	果実重(g)	特徴
モモ							
武《たけ》井《い》白鳳《はくほう》	多	□□■	■□□	□□□	白	220	甘味が強く、酸味が少ない早生品種。病害虫が大発生する前に収穫できるので初心者向き。
あかつき	多	□□□	□□■	■□□	白	250	高糖度低酸度で食味が優れる近年人気の品種。果実が割れることも少ない。
黄金桃《おうごんとう》	多	□□□	□□□	■■□	黄	250	人気の黄肉種。開張性で枝が立ちにくいので、仕立てやすい。
川中島白桃《かわなかじまはくとう》	少	□□□	□□□	■■□	白	300	大果な定番品種。花粉が少ないので受粉樹として花粉が多い品種を植える必要がある。
ネクタリン							
ヒラツカレッド	多	□□□	□□■	■□□	黄	150	果実は小さいが、ジューシーなネクタリン。果実が割れることが少なく育てやすい。
ファンタジア	多	□□□	□□□	□■■	黄	230	ネクタリンのなかでもトップクラスの食味を持つ定番品種。晩生なので病害虫に注意。

2本の骨格となる枝（主枝）を左右に配置し、開心自然形（→P11）に仕立てた木。

植えつけと仕立て
（開心自然形仕立て）

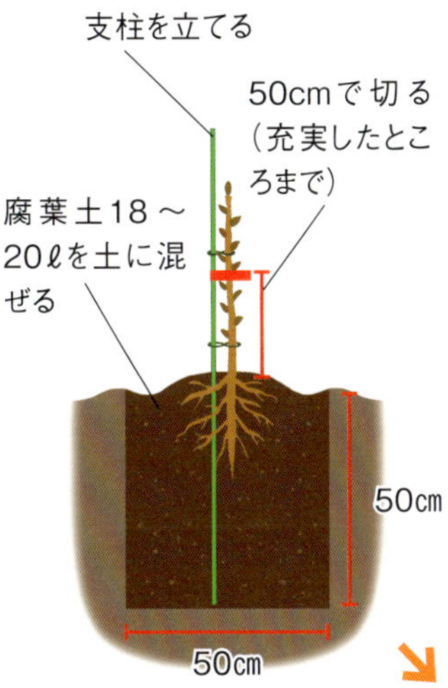

1年目（植えつけ）

時期

11～3月（厳寒期を除く）

ポイント

日あたりと水はけがよい場所に植えると甘味の強い果実を収穫することができる。開花期が早いので、温暖地では11～12月に植えるとよい。

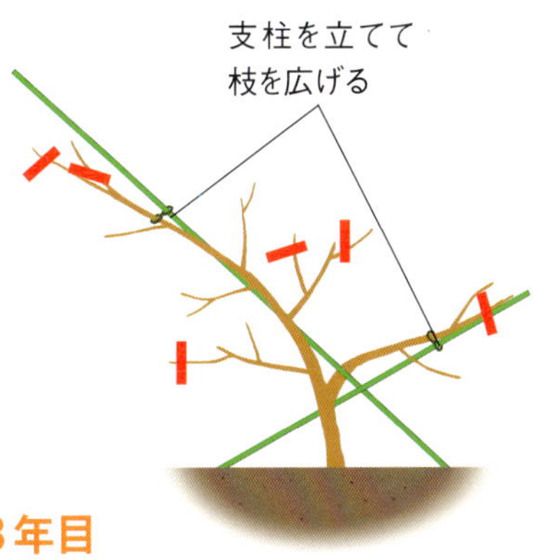

2～3年目

枝を広げるために支柱を斜めに立てて、木全体を斜めに固定する。固定した方向とは反対側に伸びる枝を1本選び、支柱を立てて斜めに固定する。

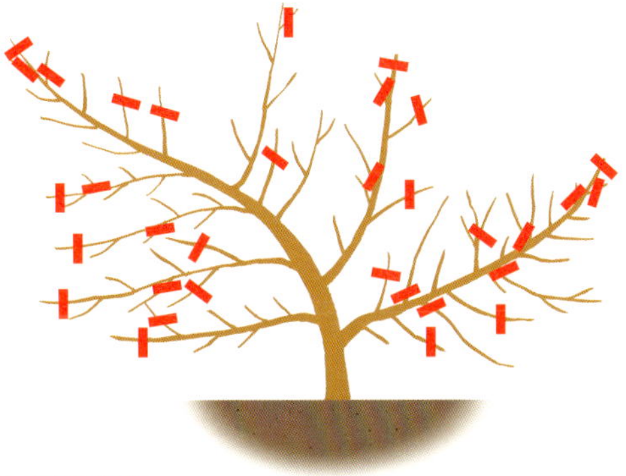

4年目以降

木が大きくなりすぎないように、斜めに伸びる枝はなるべく残して、真上に伸びる枝を間引く。

作業と生育のサイクル

ポイント

- 花粉の少ない品種は受粉樹を植える。
- 病害虫から守るため、果実袋をかける。
- 完熟した果実だけを収穫する。
- 日差しや害虫などでついた枝の傷からヤニが出ることもある。

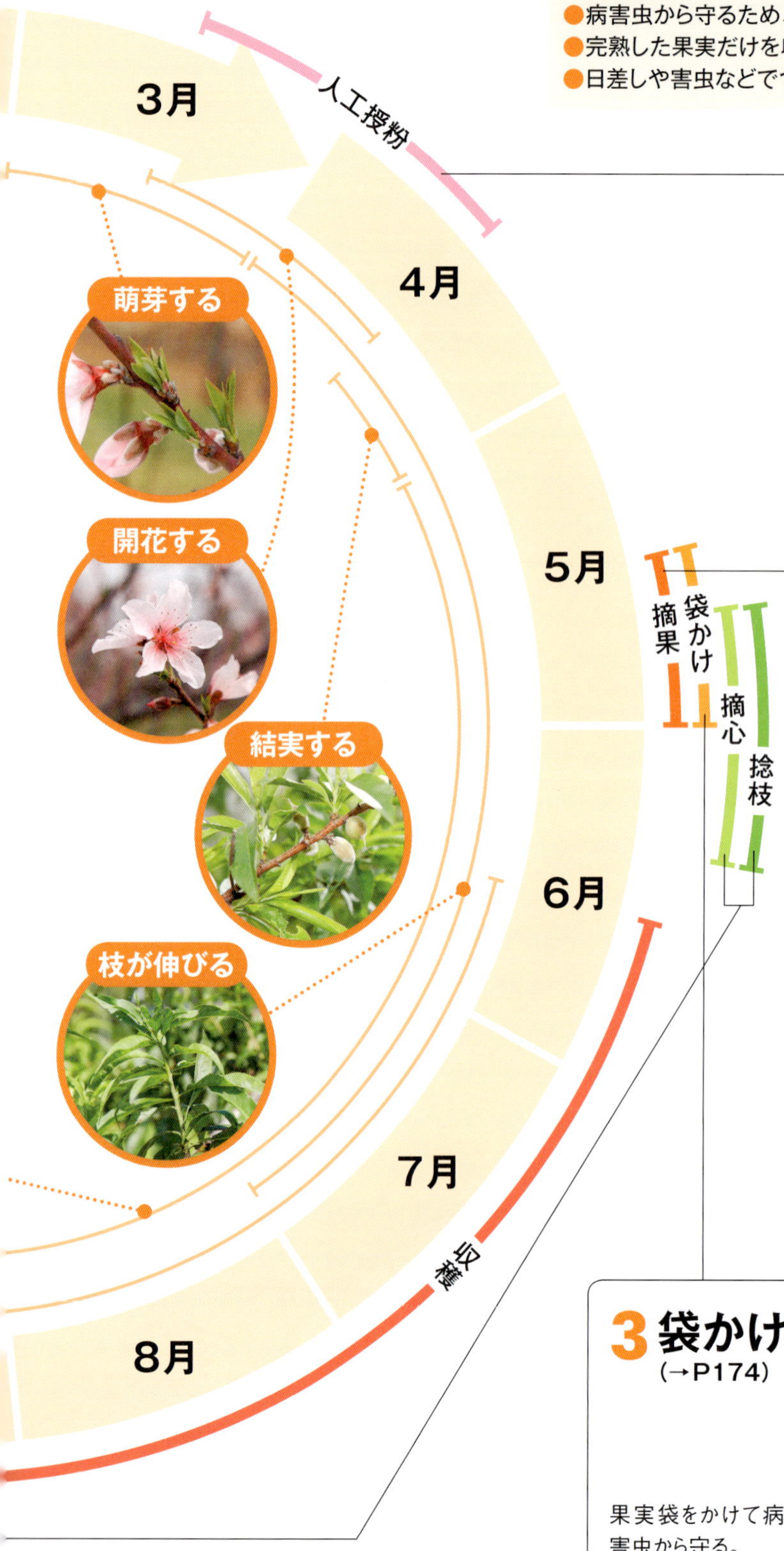

1 人工授粉(→P174)

毎年実つきが悪い場合のみ行う。

2 摘果(→P174)

大きく甘い果実を収穫するため、なりすぎた果実を間引く。

3 袋かけ(→P174)

果実袋をかけて病害虫から守る。

7 剪定
(→P176)

コンパクトな木を目指して枝を切る。

6 収穫(→P175)

完熟した果実だけを収穫する。

5 捻枝《ねんし》(→P175)

枝をねじり曲げて、不要な伸びをおさえ、使いやすい向きに調整する。

4 摘心(→P175)

枝の不要な伸びをおさえるために先端を切る。

管理作業

1 人工授粉

3月中旬～４月中旬

通常はミツバチなどが花粉を運び受粉させる。しかし、毎年のように実つきが悪い場合や、花粉が少ない品種は確実に受粉させるために人工授粉する。咲いている花を摘み、雄しべをほかの花の雌しべにこすりつける。花粉が少ない品種は、花粉の多い品種の花から花粉をつける必要がある。１個の花で10個程度の花を受粉できる。

2 摘果

５月中旬～下旬

モモは隔年結果しにくいので、人の手で果実を減らさないとたくさんなりすぎて、小さく、甘味が足りない果実になる。落果が落ち着いた５月中旬～下旬に、１果あたりの葉が30枚になるように間引く。枝（去年伸びた茶色の枝）の間隔でいうと、15cmが目安。上向きについた果実は風で落ちやすいので、下向きか横向きの果実を優先的に残す。

3 袋かけ

５月中旬～下旬

果実の表面はデリケートなので、病害虫の被害にあいやすい。薬剤が散布しにくい家庭園芸では、袋かけがかなり効果的。
摘果が終わった果実に市販の果実袋をかける。果梗（果実のついた軸）が短いので、枝ごと付属の針金をしっかり巻きつける。すき間があかないように注意する。

4 摘心

5月下旬～6月上旬

真上に向かって伸びる枝は、太く長くなりやすい。日あたりや風通しが悪くなるほか、養分をロスするので、摘心するとよい。
真上に向かって伸びる枝だけを選び、15cm程度で摘心する。

---

5 捻枝《ねんし》

レベルアップ

5月下旬～6月上旬

1 真上に向かって伸びる緑色の枝をねじって曲げることで、来年使いやすい方向に枝を配置することができる。また、枝の不要な伸びがおさえられ、葉のつけ根に花芽がつきやすくなる。
両手で枝を持ち、片手は枝のつけ根で折れないようにしっかり支える。

2 もう片方の手で、枝をねじって曲げ、枝の一部をやわらかくして角度を横向きにする。水平に倒すのでなく、回転させながらねじるのがポイント。手を離しても枝が必要な方向に倒れていれば成功。

---

6 収穫

6月中旬～9月

モモは完熟直前に甘味が増すので、完熟した果実のみを収穫するとよい。果実袋を外し、しっかりと色づいた果実をやさしく支え、上に持ち上げると収穫できる。
果梗が果実に残っていると、ほかの果実にあたって傷つける可能性があるので、注意深くハサミで切る。

7 剪定

12～2月

枝の伸び方と果実がつく位置

1月下旬

純正花芽（→ P22）

花芽は枝の全域に広く点在する。花芽と葉芽は区別できる。

純正花芽タイプ。剪定時に大きい芽が花芽、小さい芽が葉芽と外見で区別がつく。1カ所に1～3個の芽がつくが、花芽と葉芽が両方つくこともある。花芽は枝の全域に点在するため、枝を切り返しても果実がならないことはない。

3月下旬

開花しているようす。花と枝葉はほぼ同時に萌芽するため、開花時には葉の緑色が少し見える。枝の全域からまんべんなく花と枝葉がついているのが確認できる。

5月上旬

結実し、葉が開いているようす。すべての花が結実するわけではない。

6月上旬

果実の重みで枝が垂れ下がっている。枝が30cm程度の長さなので、果実を2個に間引いた。

剪定の手順

① 先端の枝を 1 本に間引く
充実した枝を 1 本残して間引く。

② 不要な枝をつけ根から間引く
混み合った枝や平行枝などの不要な枝を間引く。

③ 古くなった枝は新しい枝に更新する
古い枝を切り、近くから出る新しい枝に切り替える。

④ 枝の先端を 1/3 程度切り返す
20cm 以上の枝の先端を 1/3 程度切り返す。

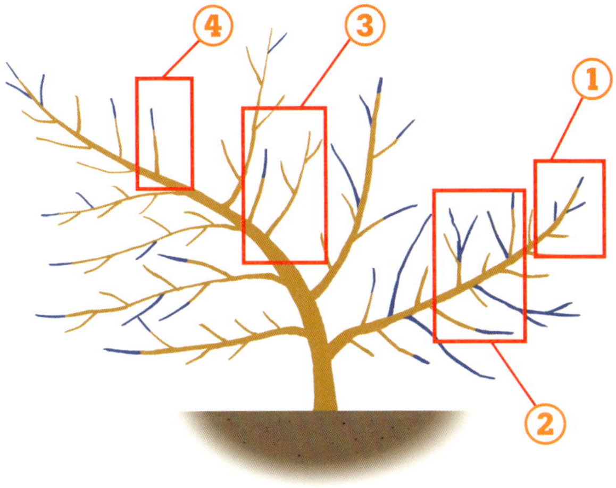

不要な枝をつけ根から間引き、古い枝は新しい枝に更新する。

② 不要な枝をつけ根から間引く

1 混み合った枝や平行枝を優先的につけ根から間引いて、翌年、枝葉が伸びても混み合わないようにする。

2 間引いたのちに、残った枝の割合が 15cm 以下の短い枝（短果枝）が 70%程度、20cm 以上の長い枝（長果枝）が 30%程度になると理想的。

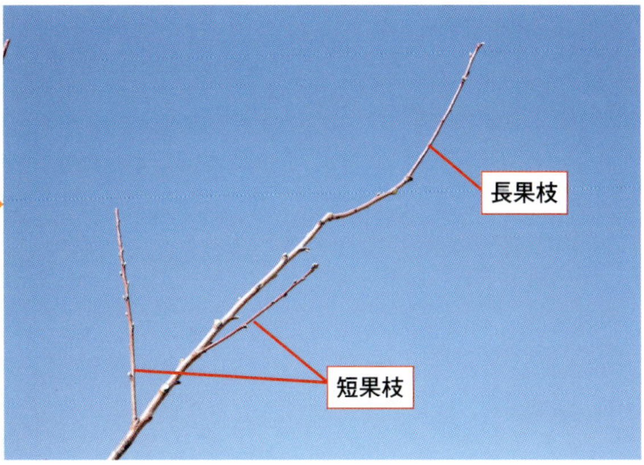

① 先端の枝を 1 本に間引く

木の先端付近が枝分かれしている場合は 1 本になるようにつけ根から間引く。1 本に間引くことで、骨格となる枝（主枝・亜主枝）をまっすぐに伸ばすことができる。残した枝は④で 1/3 程度切り返す。

③ 古くなった枝は新しい枝に更新する

枝を何年も使っていると、つけ根付近の枝が枯れて葉や果実がつかなくなる。そうなる前に周囲の長い枝（長果枝）を残して準備する。1～2年後、長果枝に果実がつくようになったら、古い枝をつけ根から間引く。残した枝は④で1/3程度切り返す。

---

④ 枝の先端を 1/3 程度切り返す

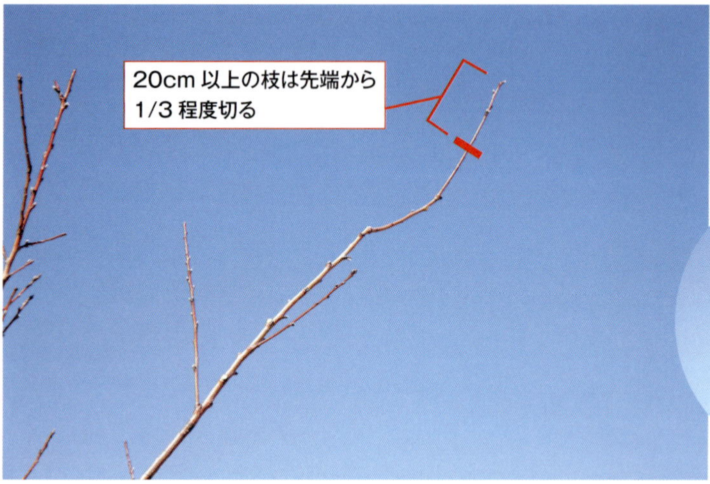

翌年充実した枝が伸びるように、①～③で残した枝のうち、20cm以上の長い枝（長果枝）の先端は1/3程度切り返す。このとき、先端の芽は葉芽で、外芽になるようにする。15cm以下の短い枝（短果枝）は切り返さない。

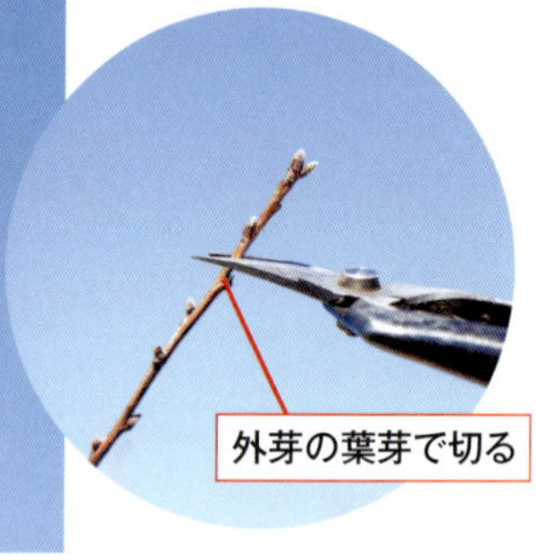

幹の日焼け防止

モモの幹は日差しに弱く、夏に強い日光があたると、黒く変色して弱ることがある（写真右）。とくに骨格となる枝（主枝）を弱らせないために、近くの枝を日傘代わりに利用するとよい。日焼けをさせたくない枝の上を覆うように、近くの枝を曲げてひもで結ぶ。こうすることで、曲げた枝から葉が出て影ができる。

■病害虫対策

病害虫名	発生時期	症状	防除法
灰星病《はいほしびょう》	5～9月	成熟間近の果実が全体に粉をふくように白くなり、やがてミイラ化する。	果実袋をかけて果実に雨があたらないようにする。被害果はすぐに取り除く。
せん孔細菌病《こうさいきんびょう》	4～9月	葉、枝、果実に褐色の斑点が発生し、深くくぼむ。	被害果はすぐに取り除く。
縮葉病《しゅくようびょう》	3～4月	若い葉が火ぶくれ状に縮れる。アブラムシ類の被害に似ているが、成虫や脱皮痕がない。	冬に石灰硫黄合剤を散布するのが非常に効果的。
シンクイムシ類	5～9月	モモノゴマダラメイガなどが果実や枝の先端を食害する。	果実袋をかける。枝の先端を観察して、見つけ次第、捕殺する。

シンクイムシ類

縮葉病

灰星病

骨格となる枝（主枝）を2～3本つくり、開心自然形（→P11）に仕立てる。

鉢植え栽培

鉢植えで育て、軒下などの雨のあたらない場所に置くと、病気がほとんど発生しない。庭の水はけが悪い場合もおすすめ。

DATA

■用土

「果樹・花木用の土」がおすすめ。入手できなければ、「野菜用の土」:鹿沼土(小粒)＝7:3の割合で混ぜて使う。また、鉢底石を鉢底に3cmほど敷き詰める。

■植えつけ（鉢の目安：8～15号）

P10参照。棒苗より大苗のほうがおすすめ。

■置き場

春から秋は直射日光が長くあたる場所がよい。病気に弱いので、軒下などの雨があたらない場所に置くとよい。

■水やり

鉢土の表面が乾いたらたっぷりと水やりする。

■肥料

8号鉢(直径24cm)なら、油かすを3月に20g、化成肥料を5月と9月にそれぞれ8gずつ与える。

■管理作業

P174～179参照。

リンゴ

DATA

科属名	バラ科 リンゴ属
形態	落葉高木
樹高	2.5m程度 最大10m
耐寒気温	−25℃
土壌pH	5.5〜6.5
花芽	混合花芽
隔年結果	しやすい （品種による）

受粉樹

必要

難易度

ふつう

肥料（庭植え）

枝葉が茂る範囲が直径1m未満の木なら油かすを2月に150g、化成肥料を5月に45g 、10月に30g施す。

栽培カレンダー

	1月	2月	3月	4月	5月	6月	7月	8月	9月	10月	11月	12月
植えつけ	■	■	■	（厳寒期を除く）							■	■
枝の管理	■	■	■ 剪定								剪定	■
花の管理				■	開花・人工授粉							
果実の管理					摘果 ■	袋かけ						
収穫								■	■	■	■	
肥料		■			■					■		

広い地域で栽培できる定番の果樹

冬の寒さに強く、降雪にさえ注意すれば北海道でも栽培が可能です。温暖地で育てると果皮の色づきが悪く、果肉がやわらかくなることがありますが、それさえ目をつぶれば鹿児島県以北で栽培が可能です。

自分の花粉では実つきが悪いので、異なる2品種を一緒に育てる必要があります。品種を選ぶ際には、品種間の相性に注意しましょう（→P184）。

また、台木にも注意が必要です。リンゴには、まずマルバカイドウといった高木性の台木があり、乾燥に強く寿命が長いのが特徴です。また、低木性（わい性）の台木にはM9やM26、M27などがあり、木の高さが約半分になるため、現在多くの生産者で利用されています。家庭で栽培する場合も、コンパクトに育てるならわい性台木につぎ木された苗木を購入するとよいでしょう。専門の苗木業者から出荷された苗木の多くには、台木名が明記してあります。

品種

品種名	収穫期				果色	果実重(g)	みつ	特徴
	8月	9月	10月	11月				
つがる					赤	300	無	早生品種の定番。多汁で実つきがよい。温暖地では色づきが悪い。
世界一《せかいいち》					赤	500	無	うまく育てると1kg以上の極大果が収穫できることもある品種。
秋映《あきばえ》					濃紅	300	無	とにかく色づきがよい品種。色づきが悪い温暖地でもおすすめ。
アルプス乙女《おとめ》					濃紅	70	無	ミニリンゴとして人気の品種。果実は小さいが甘味は十分ある。実つきがよく家庭園芸向き。
シナノゴールド					黄白	300	無	甘味も酸味も適度にあり、日持ちしやすい。黄色の品種ではもっとも人気がある。
ふじ					赤	300	有	リンゴの代表的品種。多汁で甘味が強く、日持ちする。みつが入りやすい。

果実がたくさんなったリンゴ。木を低くしたいなら、先端を大きく切って変則主幹形（→P11）に仕立てるとよい。

植えつけと仕立て
（変則主幹形仕立て）

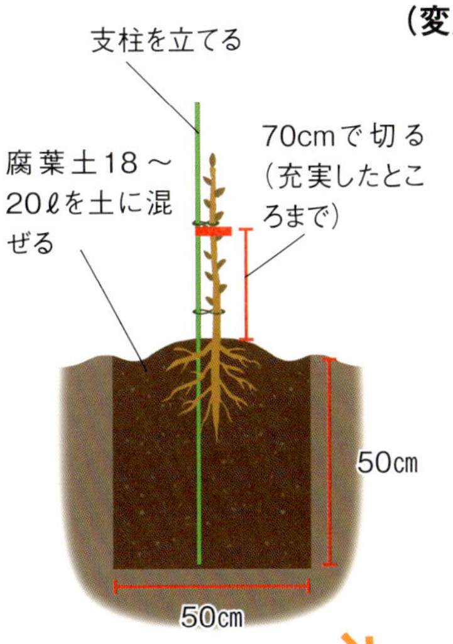

1年目（植えつけ）

時期

11～3月（厳寒期を除く）

ポイント

冷涼で降水量が少ない地域で育てると、病害虫が少なく色づきがよい。根が深く伸びる性質があるので、最低でも深さ50cmは掘り上げて、土をやわらかくしてから植えつける。近くに受粉樹を植える。

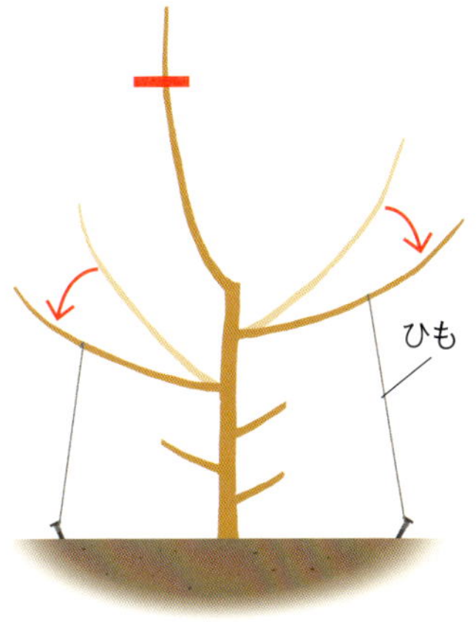

2年目

最初は木の先をまっすぐ伸ばして仕立てる。上の方向に伸びる枝があれば、ひもなどを使って下に引っ張る。

3～4年目以降

木の先端を大きく切って、樹高をおさえる。真上に伸びる枝は間引き、なるべく枝が横向きになるようにする。

■作業と生育のサイクル

ポイント

- 受粉樹を選ぶ際は品種間の相性に注意する。
- 摘果すれば美味しい果実を毎年楽しめる。
- 大木になりやすいので、剪定でコンパクトにする。
- 短い枝（短果枝）の先端によい花芽がつく。

1 人工授粉 (→P184)

異なる品種の花に花粉をつけ、受粉させる。

2 摘果 (→P185)

翌年の収穫にも影響するので必ず行う作業。

3 袋かけ (→P185)

果実袋をかければ病害虫をの被害が減り、果実の色づきがよくなる。

5 剪定(→P186)

大木にならないように枝を切る。

4 収穫(→P185)

完熟した果実から順次収穫する。果実を傷つけないために、果梗(果実のついた軸)は短く切る。

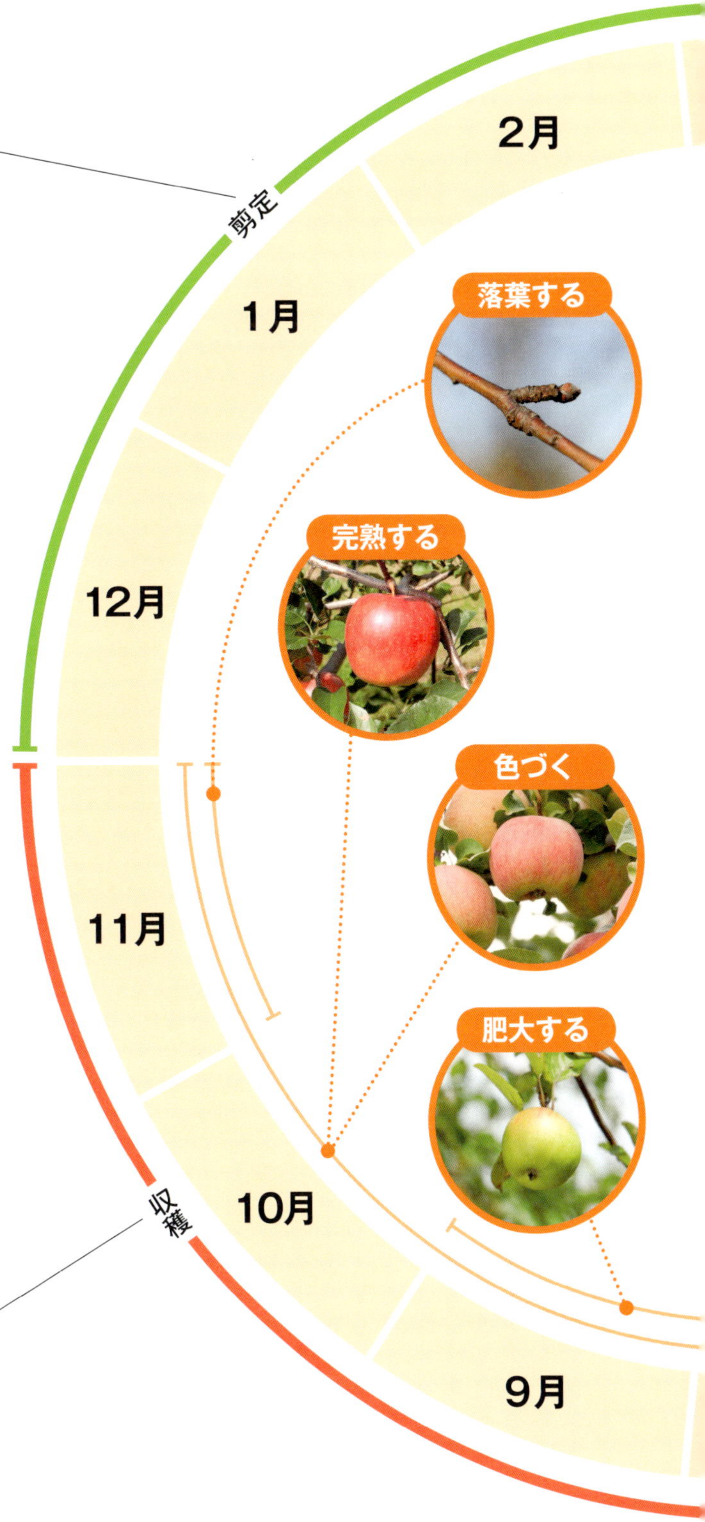

管理作業

1 人工授粉

4月

花（果）そうと中心花

ひとつの花芽から5個程度の花が咲き、まわりに葉が15枚程度つく。これを「花（果）そう」という。花そうの中心の花（中心花）が早く咲き、よい果実に成長することが多い。

方法① 花をこすりつける

咲いている花を摘み、異なる品種の花にこすりつける。1個の花で10個程度の花を受粉できる。

方法② 筆で交互にふれる

異なる品種の花を絵筆で交互にふれる。コップなどに複数の品種の花粉を受けて、つけてもよい。

受粉樹としての品種間の相性

せっかく人工授粉しても、品種間の遺伝的な相性が悪いと受精せず、結実しない。下の表を参考に、相性がよい品種を受粉樹として植える。‘ジョナゴールド’は、受粉樹として機能しないので注意する。

雌しべ＼雄しべ	つがる	世界一《せかいいち》	秋映《あきばえ》	アルプス乙女《おとめ》	ジョナゴールド	シナノゴールド	ふじ
つがる	×	○	○	○	×	○	○
世界一	○	×	○	○	×	○	○
秋映	○	○	×	○	×	×	○
アルプス乙女	○	○	○	×	×	○	×
ジョナゴールド	○	○	○	○	×	○	○
シナノゴールド	○	○	×	○	×	×	○
ふじ	○	○	○	×	×	○	×

2 摘果

5月中旬~下旬

1

'ふじ'などの隔年結果性が非常に強い品種は、とくに念入りに行う。まずは1カ所(1果そう)1果に間引く。果実が大きな中心果を残すとよい。

2

次に、3カ所(3果そう)で1果になるように間引く。葉の枚数は1果あたり50枚程度を目安とする。左の写真の枝には見えないところも含めて6果そうあったので、2果残した。

3 袋かけ

5月中旬~下旬

病害虫から守るため、摘果直後の果実に市販の果実袋をかける。果実袋をかけることで、緑色が薄くなり、赤色が目立つようになる効果もある。さらに早生品種は収穫の1週間前、中生品種は2週間、晩生品種は3週間前から、果実袋を外して日光に十分あてると赤色が濃くなる。

4 収穫

8~11月

完全に色づいた果実から順次収穫する。果実を支え、上に持ち上げると収穫できる。温暖地では色づきが悪いので、色だけでなく味見もするとよい。果実を傷つけないために、果梗(果実のついた軸)は短く切る。

5 剪定

12～3月中旬

■枝の伸び方と果実がつく位置

大きい芽が花芽、小さい芽が葉芽と外見でおおむね区別できる。写真では15cm未満の短い枝（短果枝）の先端にふたつの花芽がついている。短果枝の先端につく花芽に品質のよい果実がつくので、おもにこれを利用する。

2月下旬

混合花芽（→P22）

花芽は枝の全域に点在する。花芽と葉芽は区別できる。

4月中旬

開花しているようす。ふたつの花芽が萌芽し、ふたつの花そうになったことがわかる。葉もたくさんついている。

6月上旬

結実しているようす。結実して大きくなったため、摘果して1カ所（1果そう）1果にした。

果実がよくつく枝

水平～斜めの方向に伸びた枝には、翌年15cm未満の短い枝（短果枝）が多くつく。これら短果枝の先端についた花芽から成長した果実は大きく品質がよい。リンゴ栽培では、短果枝をつけることが重要となる。20cm以上の長い枝（長果枝）には、花芽がつくものの、小さな果実しかつかないことが多い。長果枝はひもを使って角度を水平にすると、短果枝がつきやすい。

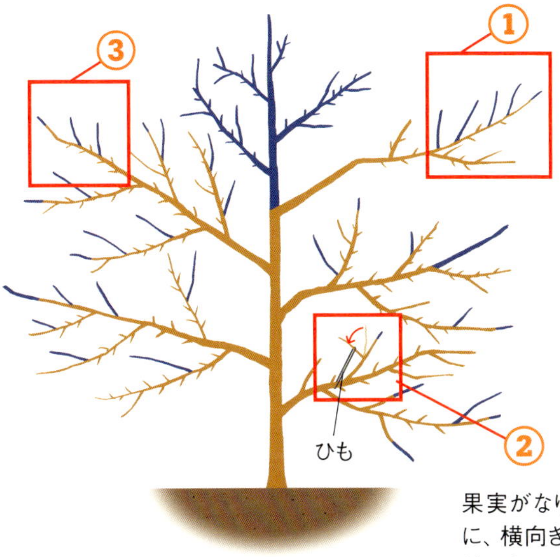

■剪定の手順

① 先端の枝を１本に間引き、切り返す
充実した枝を１本残して間引き、先端を切り返す。

② 上に伸びる枝を水平に引っ張る
ひもを使って枝の角度を水平にする。

③ 真上に伸びる枝をつけ根から切る
真上に向かって伸びる長い枝をつけ根から切る。

果実がなりやすい短果枝が多くつくように、横向きの枝を残す。ひもなどを使って枝を水平に引っ張るとよい。

---

① 先端の枝を１本に間引き、切り返す

1 先端付近に同じような太さの枝が何本もあると、「負け枝」といって先端の枝の成長が手前の枝に比べて劣り、木の形がいびつになりやすい。

2 延長線上にまっすぐ伸びる枝１本を残して、ほかはつけ根から切り取る。

3 残した枝は枝先から1/4程度切り返して、枝の伸びを促す。

② 上に伸びる枝を水平に引っ張る

1 果実は横に伸びる枝から発生した短い枝（短果枝）につきやすい。そこで骨格となる太い枝（主枝・亜主枝）から伸びた枝のうち、横に伸びる枝が少ない場合は、上に伸びる枝をひもなどを使って水平になるように引っ張る。

2 横向きになった枝からは夏に短果枝が何本も伸びて果実のなりやすい短果枝へと成長する。ある程度結実するようになると、果実の重みで枝は自然と横向きになる。

---

③ 真上に伸びる枝をつけ根から切る

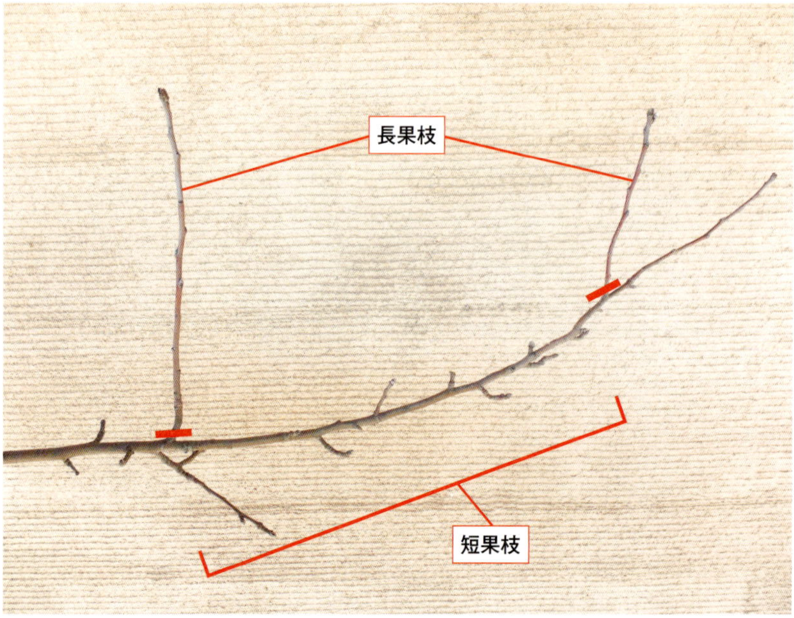

②のように横向きになった枝には短果枝がつきやすいが、上向きの芽は真上に向かって伸び、長い枝（長果枝）になりやすい。長果枝には果実がなりにくいので、つけ根から切り取る。枝の途中で切り返さずに、つけ根で切るのがポイント。

■病害虫対策

病害虫名	発生時期	症状	防除法
炭《たん》そ病《びょう》	6～10月	成熟果に黒い斑点が発生し、徐々に拡大してくぼむ。	被害果は見つけ次第、取り除く。
赤星病《あかほしびょう》	4～8月	梅雨前後に葉の裏に毛のようなもの(毛状体)が現れ、9月以降は黒く変色する。	毛状体が成長する前に感染した葉を取り除く。宿主となるビャクシン類を近くに植えない。
ハマキムシ類	4～10月	幼虫が若い葉を食べながら巻き、つづり合わせる。	見つけ次第、捕殺する。とくに4～5月の若い葉を注意深く観察する。
カメムシ類	6～10月	おもに果実が吸汁される。被害部はへこみ、スポンジ状になる。	摘果後の果実に市販の果実袋をかける。

カメムシ類

ハマキムシ類

赤星病

炭そ病

2品種を同じ鉢に植えると生育が悪くなるので、別々の鉢に植える。ひもを使って枝を水平に引っ張るのがポイント。

鉢植え栽培

枝を水平に引っ張ることで、木がコンパクトになり、実つきが格段によくなる。鉢の縁にひもを巻き、引っかけるとうまく誘引できる。

DATA

■用土
「果樹・花木用の土」がおすすめ。入手できなければ、「野菜用の土」:鹿沼土(小粒)＝7:3の割合で混ぜて使う。また、鉢底石を鉢底に3cmほど敷き詰める。

■植えつけ (鉢の目安：8～15号)
P10参照。棒苗より大苗のほうがおすすめ。

■置き場
春から秋は直射日光が長くあたる場所がよい。病気に弱いので、軒下などの雨があたらない場所に置くとよい。

■水やり
鉢土の表面が乾いたらたっぷりと水やりする。

■肥料
8号鉢(直径24cm)なら、油かすを2月に30g、化成肥料を5月に10g、10月に8g与える。

■管理作業
P184～189参照。

果樹栽培用語集

あ

亜主枝（あしゅし）　主枝から出て、主枝の次に骨格を構成する枝のこと。主枝よりも細く、側枝よりも太くなるのが理想。（→P11）

油かす（あぶらかす）　ナタネやダイズのタネから油をしぼったかすでつくられた肥料。（→P27）

晩生品種（おくてひんしゅ）　収穫時期が遅い品種のこと。

大苗（おおなえ）　3年生以上の何本も枝分かれした苗木のこと。（→P9）

お礼肥（おれいごえ）　収穫後に、消耗した木への養分補給を目的として施す肥料のこと。

か

隔年結果（かくねんけっか）　果実がたくさんなる年とならない年を交互に繰り返す性質のこと。果実のなりすぎが原因なので摘果して防ぐ。

果梗・花梗（かこう）　枝と果実・花をつなぐ、軸のこと。果柄、花柄ともいう。

花束状短果枝（かそくじょうたんかし）　芽が密生している短果枝のこと。サクランボやスモモなどでは、花束状短果枝に品質のよい果実が多くなるので積極的に利用される。

化成肥料（かせいひりょう）　無機質肥料の一種で、チッ素、リン酸、カリウムのうち、ふたつ以上を含む肥料のこと。（→P27）

カリウム　植物の生育にかかせない要素のひとつ。果実を肥大させる効果が大きい。

切り返す（きりかえす）　枝先を切り詰めること。

結果枝（けっかし）　果実がなる枝。枝の長さで「長果枝」「中果枝」「短果枝」とよぶ。（→P11）

結実（けつじつ）　果実がなること。

骨粉（こっぷん）　牛などの動物の骨を蒸して、粉状に砕いてつくられた肥料のこと。

混合花芽（こんごうはなめ）　新しい枝が伸びて、その枝に花をつける花芽のこと。（→P23）

さ

仕立てる（したてる）　苗木を植えつけた後、骨格となる枝を配置して木の形をつくること。

雌雄異株（しゆういしゅ）　雌花だけをつける雌木、雄花だけをつける雄木があるもの。雌木と雄木の両方を植える必要がある。（→P12）

雌雄同株（しゆうどうしゅ）　雌花と雄花が同じ木に咲くこと。（→P12）

主幹（しゅかん）　樹の中心で幹になる部分のこと。株元から主枝の分岐点までをいう。（→P11）

主枝（しゅし）　主幹から出た枝のこと。1～4本の枝をバランスよく配置するとよい。（→P11）

受粉（じゅふん）　雄しべから出た花粉が、雌しべにつくこと。

受粉樹（じゅふんじゅ）　受粉させるために植える、別の品種のこと。自分（同品種）の花粉では実つきが悪い果樹や、雌雄の木が異なる果樹では受粉樹を近くに植える必要がある。

純正花芽（じゅんせいはなめ）　新しい枝が伸びて、その枝に花だけつける芽のこと。（→P23）

常緑果樹（じょうりょくかじゅ）　冬でもすべての葉が落ちず、一年中葉がついている果樹のこと。（→P9）

人工授粉（じんこうじゅふん）　結実させるために、人の手で受粉させること。（→P13）

節（せつ）　葉のつけ根にある芽の周辺のことで、ふしともいう。

剪定（せんてい）　枝を切ること。（→P18）

側枝（そくし）　主枝や亜主枝から伸びる末端の枝の総称。結果枝や発育枝もこの一部。（→P11）

たな

台木（だいぎ）　つぎ木をする際に、つがれる側で末端に根を持つ部分のこと。

短果枝（たんかし）　長さの明確な基準はないが、15cm以下の短い枝のこと。ウメやナシ、リンゴなどでは品質のよい果実が多くなりやすく、積極的に利用される。（→P11）

チッ素（ちっそ）　植物の生育にかかせない要素のひとつ。枝葉を伸ばす効果が大きい。

中果枝(ちゅうかし)　長さの明確な基準はないが、10～20㎝程度で、短果枝にも長果枝にも属さない枝のこと。(→P11)

虫媒花(ちゅうばいか)　雄しべから雌しべへの花粉の移動が、おもに虫によって行われる花のこと。天候などの条件に虫の活動が左右されるので、人工授粉するとよい。(→P13)

長果枝(ちょうかし)　長さの明確な基準はないが、30㎝以上の枝のこと。あまりに長い枝は徒長枝として区別されることが多い。(→P11)

つぎ木(つぎき)　植物体の一部(枝など)をほかの植物体(台木など)とつなぎ合わせること。

追肥(ついひ)　元肥の効き目が弱まった頃に施す肥料のこと。枝葉の成長が盛んな時期に施すことが多い。「おいごえ」ともいう。

摘果(てきか)　成長前の果実を間引くこと。摘果によって果実が大きく、甘く成長することができる。隔年結果の防止にも効果的。(→P14)

摘心(てきしん)　生育中の枝の先端を摘み取ること。枝の不要な伸びをおさえることで、日あたりや風通しをよくする。(→P17)

摘蕾(てきらい)　蕾(つぼみ)を間引くこと。摘果より効果が高い。(→P12)

土壌pH(どじょうぴーえいち)　土の酸度の目安となる値のこと。0～14の範囲で示され、数字が低いほど酸性、高いほどアルカリ性を示す。果樹によって好適な土壌pHは異なる。市販の測定キットを購入し、植えつけ前に土壌pHを測定するとよい。土壌pHを上げるには苦土石灰などを、下げるにはピートモスや市販の酸度調整材などを用いる。

徒長枝(とちょうし)　真上に伸びる成長のおう盛な枝のこと。つけ根から間引くことが多い。

中生品種(なかてひんしゅ)　収穫時期が早生品種と晩生品種の中間の品種のこと。

は ま

花芽(はなめ)　伸びた枝に花(果実)だけがつく芽のこと。純正花芽と混合花芽がある。「かが」ともいう。(→P22)

葉芽(はめ)　伸びた枝に葉だけがつく芽のこと。「ようが」ともいう。(→P23)

品種(ひんしゅ)　同じ果樹のなかでも、外見や食味などがほかと区別できるもの。リンゴの'ふじ'、ニホンナシの'幸水'などが有名。

風媒花(ふうばいか)　雄しべから雌しべへの花粉の移動が、おもに風によって行われる花のこと。クリやオリーブなど、花粉が軽く大量に出る果樹に多い。(→P13)

棒苗(ぼうなえ)　枝がますぐ1本立っている1～2年生の苗木のこと。(→P9)

穂木(ほぎ)　つぎ木をする際に、つぐほうの枝などの部分のこと。植えつけの際に、苗木の穂木の部分に土がかぶると根が出て、実つきが悪くなることがあるので注意。

無機質肥料(むきしつひりょう)　無機物を原料につくられた肥料のこと。化成肥料が代表的。

元肥(もとごえ)　野菜や草花では植えつけ時に施す肥料のことだが、果樹では、おもに冬～初春の生育開始前に毎年施す肥料のこと。寒肥という別名でよぶこともある。

や ら わ

葯(やく)　雄しべの先端で、花粉をつくる器官。

誘引(ゆういん)　棚などの支柱に枝を固定すること。ひもを用いることが多い。(→P17)

有機質肥料(ゆうきしつひりょう)　動植物由来の有機物を原料につくられた肥料のこと。油かすや骨粉が代表的。

幼木(ようぼく)　若い木のこと。明確な基準はないが、1～3年生の木を指すことが多い。

葉果比(ようかひ)　果実1個を成長させるために必要な葉の枚数のこと。葉の枚数は厳密に数えず、あくまでも目安とする。

落葉果樹(らくようかじゅ)　冬にすべての葉が落ちる果樹のこと。(→P9)

落果(らっか)　果実が落ちること。

リン酸(りんさん)　植物の生育に欠かせない要素のひとつだが、チッ素やカリウムに比べて吸収量が少ない。

早生品種(わせひんしゅ)　収穫時期が早い品種のこと。

著者

三輪正幸（みわ　まさゆき）

1981年岐阜県生まれ。千葉大学環境健康フィールド科学センター助教。専門は果樹園芸学および社会園芸学。「NHK趣味の園芸」の講師をつとめ、家庭でも果樹を気軽に楽しむ方法を提案している。おもな著書に『鉢ひとつで始める果樹づくり』（学研）、『NHK「趣味の園芸ビギナーズ」おいしく育てる　はじめての家庭果樹』（NHK出版）などがある。

staff

写真撮影――――田中つとむ、三輪正幸、新井大介
撮影協力――――千葉大学環境健康フィールド科学センター
写真協力――――田中つとむ、三輪正幸、アルスフォト企画
本文デザイン――島田利之（シーツ・デザイン）
イラスト――――横島一幸
編集制作――――新井大介（雅麗）

剪定もよくわかる
おいしい果樹の育て方

●協定により検印省略

著　者　三輪正幸
発行者　池田士文
印刷所　大日本印刷株式会社
製本所　大日本印刷株式会社
発行所　株式会社池田書店
〒162-0851　東京都新宿区弁天町43番地
電話03-3267-6821（代）／振替00120-9-60072

ISBN978-4-262-13629-5

25052003